© Copyright 1998
Cierre Edizioni
Via Verona, 16 - Caselle di Sommacampagna (VR)
tel. 045. 8581575
fax 045.8581572

Finito di stampare nel mese di maggio 1998
da Cierre Grafica
via Verona, 16 - Caselle di Sommacampagna (VR)
per conto di Cierre Edizioni

Penelope Brownell

Francesco Curcio

Verona

Guida storico-artistica

Introduzione di Eugenio Turri

Fotografie di Antonio Belvedere

CIERRE
edizioni

La Cronologia, gli Itinerari, le schede dei monumenti 1, 2, 5, 6, 10, 13, 14, 15, 18, 23, 24, 26, 27, 29, 34, 37, 38, 39 (Teatro Romano), sono di Francesco Curcio. Le schede 3, 4, 7, 8, 9, 11, 12, 16, 17, 19, 20, 21, 22, 23, 25, 28, 30, 31, 32, 33, 35, 36, 39 (Museo Archeologico), 40 sono di Penelope Brownell, che ha curato anche la revisione e i controlli finali delle piante dei monumenti. Le piante e gli spaccati dei monumenti sono di Alberto Rabacchi, le piante di Verona di Lothar. Il coordinamento editoriale e la redazione sono di Gerardo Gerard e Marco Girardi. Il progetto grafico è dello Studio Bosi, la video-impaginazione è di Gaia Passamonti.
Si ringraziano Denise Modonesi e il Museo Lapidario di Verona, che ha gentilmente concesso di riprodurre la fotografia di p. 100.

Indice

Itinerari

Monumenti

Verona: una città da vedere e da capire

di Eugenio Turri

Vista dagli alti terrapieni ferroviari che la circondano a sud – uno dei primi approcci visivi alla città per chi viene da fuori – Verona appare raccolta ai piedi delle ultime propaggini collinari dei monti Lessini, quasi acquattata in quel luogo segreto eppure così magico, così strategico, che sta tra i monti e la pianura.

Si capisce subito che quella posizione deriva da una scelta antichissima, oggi forse non tanto più funzionale ma diventata un punto capitale della geografia: e lì la città, come una concrezione inamovibile, è continuamente cresciuta, con i suoi campanili, le sue torri, i suoi palazzi, le sue strade.

Il punto in cui si trova Verona corrisponde praticamente allo sbocco in pianura della valle dell'Adige. Da ciò la città deriva il suo ruolo di importante nodo su una delle principali direttrici meridiane tra Alpi e Padania, tra Europa e Mediterraneo. Ma essa è anche nodo sulla direttrice opposta, quella lunga via pedemontana che congiunge la Padania occidentale con la pianura veneta. Ecco così la polivalenza di Verona nello spazio, ecco la sua funzione primaria che ne fa una città insieme padana e alpina, veneta e lombarda, orientale e occidentale.

La sua orientalità è già nella luce per chi viene da Milano, è già nei suoi cieli – i cieli primaverili con le nuvole trionfanti del Veronese sulle creste dei monti circostanti –, è in un magico sentore di pianure fluviali, di spazi lagunari. Ma Verona è veneta anche nelle Prealpi, di cui è centro di gravitazione e con le quali interagisce come tutti gli organismi urbani.

Le belle dorsali dei monti Lessini, un altipiano digradante dalle forme dolcissime, senza angustie, si integrano con la sottostante pianura attraverso la saldatura urbana, oggi ricca di propaggini, di addensamenti e di traffici che da soli rivelano tutta la vitalità di questa provincia veneta. Verso ovest il territorio è chiuso dall'imponente muraglia del monte Baldo, riferimento spaziale di prim'ordine per i veronesi, montagna amata e mitizzata nel suo mistero tramontano, sopra il Garda. Quel po' di follia degli abitanti («veronesi tuti mati») viene in qualche modo dal rapporto – psicologico, sentimentale, umorale – con la montagna, mentre quello dinamico, pragmatico, concreto, viene dalla pianura, crassa, fluviale, densa come poche di ruralità attiva, trasformatasi oggi in ruralità artigiana e industriale.

Questo territorio disteso tra le Prealpi e la piana dell'Adige è uno dei più ricchi d'Italia se si bada al reddito pro-capite. Su di esso Verona ha costruito le sue prime fortune, attraverso una relazione città-campagna, per usare una formula ormai superata, di antica impostazione ed estremamente funzionale, anche se dominata dalla forza della città. Un poeta quattrocentesco, Corna da Soncino, che ha cantato in un poema le meraviglie di Verona, paragona la città a un'aquila che estende le ali sul suo territorio, predandolo ma anche lasciandogli l'essenziale per vivere. Città forte, al tempo stesso esosa e generosa: «la natura de l'aquila si è tale, / che ciò che piglia in preda per se stessa / tutto non mangia, tanto è liberale; / ma certi ocelli che van dreto a essa / el resto mangia de quello animale; / e così fa la magna principessa / Verona: de li fruti che racoglie, / se non in tutto, pur dona le spoglie».

La Verona quattrocentesca cantata come principessa è una città ancora trionfante e potentissima, come già nei secoli precedenti, quando era tra i centri più importanti e vitali dell'area padana. Anche in età romana era stata città di primo rango, e così pure in età barbarica. Ciò grazie alla sua posizione sull'asse più diretto che unisce l'Italia al mondo germanico, grazie alle ricchezze naturali del suo territorio, alla capacità e allo spirito costruttivo delle sue genti, specie nel periodo che va dall'età comunale all'età scaligera. Poi quando passa sotto il dominio veneto la città comincia a vivere in modo più sonnolento, perde le sue funzioni e la sua vitalità passate. Decade da quella posizione primaria che aveva tra le città padane. Si pensi per parallelismo alla funzione via via crescente che invece ha avuto Milano, alla quale Verona, come posizione strategica e nodo fondamentale dell'area padano-alpina, ha sempre avuto poco da invidiare, se si bada alle interpretazioni storico-geografiche di Fernand Braudel.

Che cosa è accaduto? Perché Verona si è spenta? Una possibile risposta è che Venezia l'ha ruralizzata e tenuta a freno (le spinte autonomistiche, le disobbedienze nei confronti della Serenissima hanno segnato la storia di Verona sotto il dominio dei dogi). Verona è diventata veneta, ma si è contemporaneamente indebolita come centro mercantile e industriale, trasformandosi più che altro in una bella vetrina della nobiltà, lasciando le principali funzioni economiche alle campagne. Qui le iniziative dei nobili e della ricca borghesia urbana non sono mancate, come testimoniano le ville straordinarie che ancor oggi sono lì a rappresentare la veneticità di Verona, fatta di dolcezze come di svenimenti stagionali tra le colline addobbate di broli, di boschetti, di magnifici paesaggi agrari. Anche la funzione strategica che ebbe sempre, sia per il dominio veneto come, successivamente, per il Regno Lombardo-Veneto e per l'Italia unificata, ha contribuito a frenarne gli impulsi. Le servitù militari ne hanno impedito ogni espansione, l'hanno imbavagliata, anche urbanisticamente, non meno che il dominio religioso, con le sue ricchezze, le sue chiese che ad ogni angolo della città testimoniano di un potere secolare non sempre specchio di quello spirituale. Verona è rimasta così per secoli, chiusa in se stessa, alimentando i suoi umori e la sua urbanità provinciale, dotandosi di presenze rurali ma disimpegnandosi sotto la gestione militare-religiosa, cattolica e aristocratica, mai capace di proteste, di colpi d'ala. L'industrializzazione non l'ha quasi sfiorata nel secolo scorso e solo di recente la piccola industria ha introdotto una nuova cultura e una nuova dimensione urbana che hanno turbato il suo lungo sonno. La città si è arricchita, si è terziarizzata, ha perduto certi respiri, certi odori e certi umori del passato, ma se è vero che tutto intorno ad essa è cresciuta una Verona nuova, una corteccia caotica, mal gestita, senza grazia, è anche vero che dentro quella corteccia ha conservato il suo nocciolo storico, il suo paesaggio urbano, sempre bellissimo, antico, pur se ripulito dalle dimore di lusso e dai lustrori delle sedi bancarie: un frutto di incredibili sapori.

Oggi, a dire il vero, con i suoi 255 mila abitanti, non è proprio una città media o medio-piccola, per rifarsi alle classificazioni dei geografi. È una città ricca, piena di iniziative, conosce i primi tumulti, i primi problemi della metropolitanizzazione, pur conservando ancora in buona dose spirito e mentalità provinciali.

È abbastanza quieta: ma per quanto? La geografia sta dettando le sue leggi inesorabili in combutta con la storia. Verona crocevia dell'Europa unita sta crescendo come polo terziario di prim'ordine. Dipenderà da questa crescita se potrà o meno rinnovare i suoi contenuti salvando al tempo stesso i suoi caratteri migliori, il senso della storia, la molteplicità dei suoi scenari urbani.

Questi si scoprono entrandovi, e offrono un riscontro preciso con quanto la città lasciava intravedere dal di fuori. Venendo dalla stazione o dall'autostrada, basta percorrere l'ampio corso di Porta Nuova e poi raggiungere le due piazze che costituiscono le polarità principali della città storica e monumentale (piazza Erbe e piazza Bra) per avere un'idea di Verona, della molteplicità dei suoi strati storici, dei suoi umori, della sua urbanità.

Tra le due piazze si svolge, lungo Via Mazzini (Via Nova nel gergo locale), la passeggiata preferita dei veronesi, una specie di intestino tenue in cui si assimila la socialità veronese, italo-mediterranea, non dissimile dallo struscio, digestione-esibizione fatta di indugi, di soste tardo-pomeridiane, di lunghe chiacchierate, che finiscono nell'intestino crasso di piazza Bra, nella sua inarcatura pedonale formata dall'ampio marciapiede conosciuto come il Liston.

È un po' il punto di ritrovo dei veronesi, il salotto urbano dove si parla e si sparla (con quell'accento un po' sdolcinato, fatuo, non meno lezioso del veneziano), dove si lanciano facezie, dove si dicono mattane e spiritosaggini: il palcoscenico di Verona viva, veneta e provinciale, geniale e letterata, che ha avuto sempre protagonisti brillanti, ma oggi irrecuperabili, perduti per sempre, ai quali va il merito di aver tenuta viva l'immagine di una città dallo spirito sostanzialmente ottimista, esistenziale ma ilare, vernacolare, pettegola e superficiale che ama esibirsi, secondo lo spirito definito a suo tempo da Guido Piovene come propriamente veneto. Questa Verona del passato, la Verona della nostra adolescenza, città liceale e cattolica, provinciale e umorale, oggi falsata o rilucidata da una sorta di teatralità televisiva, scollata dal reale, sembra riaffiorare qualche volta proprio sul Liston, all'ombra dell'Arena. Le antiche pietre e gli slarghi verso la campagna della piazza fanno ripensare all'urbanesimo che sorprese i viaggiatori insigni del passato, le cui discendenze d'oggi sono rappresentate dalle schiere dei turisti involgariti dalle agenzie di viaggio.

Ha cominciato a parlarne Montaigne, evocando fra l'altro l'Arena e la vivacità urbana veronese, così come tanti altri venuti dopo di lui, da Goethe, che ritrovava sul Liston lo stile di una borghesia sicura di sé, del proprio modo di consumare la vita («... prima di notte gli aristocratici cominciano la loro passeggiata... i cavalieri si avvicinano alle carrozze per conversare con le dame e le damigelle...») a Byron, a Dickens («Simpatica Verona! Con i suoi bei palazzi antichi... col suo rapido fiume, col suo vecchio ponte pittoresco, col grande castello, con i cipressi ondeggianti e col panorama così piacevole ed allegro!»), per passare a Heine, suggestionato romanticamente dall'antichità delle pietre e delle sensazioni, a George Bernard Shaw («Piangerei di gioia a vivere in un mondo così bello!»).

Ma la città non è fatta solo di personaggi. Importanti sono anche gli scenari, i palazzi, le strade, le pietre. Quelle che formano il Liston sono pietre bellissime sulle quali magicamente affiorano le forme dei fossili mesozoici, grandi ammoniti soprattutto, che richiamano i monti di Verona, dalle cui cave provengono. Di queste pietre sono fatti i monumenti romani, gli antichi palazzi, le chiese superbe. E quasi ossessivo ritorna ovunque il motivo delle ammoniti, sogno di pietra di Verona, testimonianza di un rapporto tra città e territorio sottilmente mediato dalla geologia.

Non si tratta di richiami incidentali. La cultura veronese ha sempre avuto coscienza di vivere – schiuma effimera – sopra gli strati del Mesozoico e del Cenozoico, e non è un caso che Verona sia sede di uno dei più prestigiosi musei di storia naturale d'Italia (arricchito tra l'altro dalle meravigliose collezioni dei fossili di Bolca, universalmente note) e che per prima abbia dato avvio, sin dal Cinquecento, alla museografia geologico-naturalistica con il contributo di studiosi veronesi che hanno travasato nella cultura della città le scoperte fatte sui monti.

Ruralità di Verona, abbiamo detto: un riflesso della sua paesanità, del suo piglio popolaresco, genuino, lo si trova in piazza delle Erbe, il polo centrale della passeggiata pedonale, fulcro urbanistico e baricentro degli umori cittadini. Il suo mercato all'aperto è uno degli stereotipi della città, un elemento dell'oleografia veronese. Piazza trafficata, rumorosa, all'ombra di vecchi palazzi (molti sino al Seicento erano affrescati sulle facciate), essa contrasta con la vicina piazza dei Signori. Quest'ultima è il salotto nobile di Verona: piazza severa, piena di richiami storici, un po' gotica nei suoi palazzi d'epoca medievale (il palazzo già reggia degli Scaligeri, il palazzo del Comune) e stupendamente rinascimentale nella famosa Loggia del Consiglio o di Fra' Giocondo. In antico costituiva il secondo polo della città e rispetto a piazza delle Erbe, mercantile e borghese, conservava un netto distacco, effetto della discriminazione tra mercanti e nobili, i quali, tramanda un testo cinquecentesco, «... non vogliono veder mercadanti, et persone che si affaticano a guadagnar...». Ancora adesso è in quella piazza che si ritrovano certi silenzi antichi della città, quasi una restituzione dei tempi medievali, cui rimandano i palazzi circostanti, le strade anguste, le chiese segrete, gli angoli della Verona shakespeariana, gotica, scaligera. Ma svuotata ormai di contenuti, perché le nuove sedi dell'amministrazione, della giustizia, hanno trovato sede nella parte più nuova della città.

All'età scaligera ci riporta direttamente più di ogni altro monumento la necropoli gotica delle Arche, costruzioni funerarie che a me fanno venire in mente quelle di certi popoli pagani (penso ai monumenti equestri del Cafiristan), con i defunti della grande dinastia che sormontano le cuspidi, come Cangrande I, sorridente a cavallo, guerriero di età misteriose e un po' cupe. Verona è veramente un po' cupa là dove si trovano le testimonianze scaligere e comunali (soprattutto tra via Sottoriva e Santa Anastasia). Ciò forse per la severità degli edifici, forse per contrasto con la Verona veneta e sanmicheliana. Eppure quelle testimonianze corrispondono all'epoca più importante della storia di Verona, quando da fiorente città comunale, dal XII al XIII secolo, piena di traffici e attività artigianali, dominata da corporazioni potenti, si arricchì e pose le basi della signoria Scaligera, che riempì di sé la seconda metà del XIV secolo e fece di Verona il centro di un esteso dominio.

Ai secoli che vanno dal XII al XV risalgono non a caso molti dei più prestigiosi monumenti: dal castello che riflette sull'Adige le sue merlature, le sue chiese bellissime, come il Duomo (con annessa la famosa Biblioteca Capitolare),

Sant'Anastasia, San Fermo ed altre dal piglio gotico che si salda con quelle delle chiese romaniche anteriori, anche queste splendide, tra cui la più splendida di tutte, San Zeno, esterna alla città vecchia. San Zeno ha una solarità una italianità straordinarie, forse date dal colore luminoso delle pietre che la fanno ridente, tanto che viene sempre spontaneo di trasferire alla facciata della basilica quel verso famoso di Berto Barbarani che canta Verona facendo riferimento al sorriso del suo santo protettore (altro misterioso sorriso dopo quello di Cangrande), appunto San Zeno. Ride la statua del santo, ride la basilica rivolta verso il monte Baldo e il sole pomeridiano: «San Zen che ride e paparele calde!».

Verona ricca di chiese e di suggestioni romanico-gotiche è anche modellata dalle aggiunte rinascimentali e cinquecentesche. È la Verona del Sanmicheli, l'architetto e urbanista che la riconvertì, ne intese le funzioni militari, venete, aristocratiche. Ne sono testimonianza le aperture urbanistiche verso piazza Bra, le porte monumentali della cinta muraria, allargatasi rispetto a quella scaligera, i palazzi della nobiltà, che costituiscono una parte importante del volto della città, Corso Cavour, ad esempio, ne è pieno, come una vetrina, come un Canal Grande. Altri sono raccolti negli angoli più segreti, impreziositi dai bei portali scolpiti nella pietra ammonitica dei Lessini.

Le facce innumerevoli di Verona si ritrovano in tutta la parte vecchia, dentro le mura d'epoca veneta. Ma è lì, nel suo cuore, dentro l'ansa dell'Adige, che essa raccoglie i ricordi più sovrapposti, cosicché penetrandovi è come sbucciare un frutto pieno di strati, fino al suo nocciolo. Verona rinascimentale, Verona scaligera, Verona romanica, Verona barbarica, Verona romana. Quest'ultima si identifica comunemente con l'Arena. Ma la romanità di Verona è restituita in dosi forse maggiori da tante altre testimonianze. Prima fra tutte il sito dove la città è nata: punto magico, punto fatale, come i sette colli di Roma. Esso è lì dove l'Adige lambisce la collina di San Pietro, estrema digitazione delle colline veronesi.

Di lassù si coglie il respiro della città, se ne scorge l'intera topografia e la sua essenza naturale, che ha nell'Adige, da cui sale dal basso il rumoreggiare, il suo elemento primario: l'Adige verde, carducciano, l'Adige che porta dentro la città smemorata nel chiuso dei suoi vicoli, delle sue strade, dei suoi passeggi urbani, un effluvio di abetaie sud-tirolesi, di lontane vallate alpine dove esso ha le sue scaturigini. La polivalenza geografica di Verona si fa sentire anche qui, al suo interno. Dal colle San Pietro, dove ci sono il Teatro Romano e i ruderi della città originaria, la città la si scorge tutta intera, con il suo cuore storico, le sue torri, le sue chiese, e con le più periferiche appendici industriali e metropolitane cresciute pressoché interamente in questo secolo.

Dal colle si vede anche la dimensione strategica di Verona, testimoniata dalle fortificazioni che chiudono la città passando sulle colline vicine e dalle barriere sugli sbocchi delle strade principali. Le mura sono, oltre il nocciolo romano, scaligere e venete, infine asburghe. Tanti sistemi difensivi hanno fatto della città una piazzaforte munitissima, quella che meglio conserva, in Italia, i grandi apparati militari del passato.

Essi stanno oggi come residualità impacciante di fronte alla vitalità di Verona moderna, che vive di funzioni qualificate. Verona è sempre stata poco operaia, caso mai militare, impiegatizia, commerciale, artistica, turistica. Il turismo è una delle voci fondamentali della sua bilancia economica e ad esso Verona offre musei interessanti, vestigia archeologiche, spettacoli. Il più affermato è quello dell'opera lirica all'Arena: uno spettacolo dentro lo spettacolo, che ha ridato nuovo splendore al monumento romano.

La vitalità di Verona è poi data dalla funzione di grande centro commerciale (sin dal principio del secolo è il massimo mercato ortofrutticolo italiano) in uno dei punti chiave della rete di comunicazione europea. Magazzini di imprese italiane e straniere hanno qui la loro sede, e in continua ascesa è il ruolo di Verona come porto autostradale del continente, al cui servizio è in funzione il Quadrante Europa, dove giornalmente arrivano più merci che al porto di Genova. E poi c'è il fervore industriale della sua provincia che ne fa uno dei principali poli coordinatori del Nord-Est, le cui specificità stanno in quell'industrialismo diffuso, fatto di piccole e medie aziende, diventate non solo fattore di produzione e di ricchezza ma anche di vita sociale, di vita culturale. La quale non è certo la cultura dei libri o della riflessione sul tempo, la storia, la società, tesa all'autocomprensione di sé, ma rivolta a come consumare il tempo, alla ricchezza, all'auto di moda: una cultura che ha i suoi templi nelle città-mercato sorte tutt'intorno alla città e che alla città sottraggono l'amore per il tempo e la storia. La città è specchio non brillante, ma direi quasi castigato, di questa cultura nuova, del consumismo e del brillio materiale.

Verona si sta dilatando. Soffre ormai i disagi delle aree metropolitane, delle prime malattie della grande città. Di soffocamenti automobilistici, criminalità, anonimato, di relegazioni extra-comunitarie. Si registrano i primi abbandoni verso la campagna, le residenze extra-moenia. Una delle sue fortune è di avere dintorni bellissimi e facilmente raggiungibili, anche se in procinto di diventare terreno di conquista urbana, prime manifestazioni della *Spread City* che si sta imponendo intorno a Verona come intorno a tutte le grandi città italiane in questa fase di riconversione del vivere e abitare.

Verona e il suo territorio costituiscono oggi per evidenti

ragioni geografiche uno dei sub-baricentri d'Europa. Cambia con ciò la dimensione della città, il suo respiro. I problemi si moltiplicano fuori dalle chiusure sonnolente, provincializzanti del passato. Verona in definitiva non è solo una bella città, un bel museo, ma patisce in modo acuto il nostro tempo, nel quale trova difficoltà a innestarsi, come fosse incapace di risolvere i nuovi e numerosi problemi che la tormentano (come quelli del traffico, del riuso degli spazi e degli edifici monumentali, il risanamento delle periferie degradate, il rapporto con i suoi dintorni, ecc.) per la sua secolare abitudine a scavalcarli nell'indolenza e nel *laissez-faire* provinciale.

Bisogna tenerne conto visitandola: godere una città è anche capire il presente, capire come il presente viva nel passato e viceversa. Affinché dal rumoreggiare del futuro non venga sommersa l'immagine del presente e del passato.

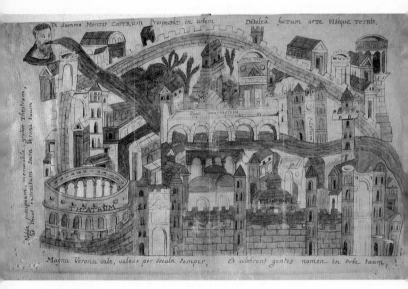

Iconografia Rateriana. Veduta di Verona del X secolo in una copia settecente-sca conservata nella Biblioteca Capitolare

Cronologia delle vicende urbane

148 a.C. A seguito della romanizzazione della Gallia Cisalpina nel II secolo a.C., la costruzione della via Postumia (dal console Spurio Postumio Albino), importante arteria che da Genova giungeva ad Aquileia passando per Cremona, Verona e Vicenza, accentua il ruolo strategico e commerciale di Verona, favorendone anche lo sviluppo edilizio. La sola costruzione riferibile (parzialmente) a questo periodo è il ponte Pietra.

49 a.C. Verona, con le altre città della Gallia Cisalpina, diviene *Municipium* ottenendo la cittadinanza romana. A questo periodo risale la vera e propria rifondazione subita dalla città con il tracciamento del reticolo stradale ortogonale, ancor oggi perfettamente leggibile, difeso su due lati dalle mura, in cui si aprono le porte Borsari e Leoni, sul restante perimetro dall'ansa del fiume, attraversato da due ponti, Pietra e Postumio (poi scomparso).

I sec. d.C. La città romana si dota di imponenti edifici pubblici e rinnova quelli esistenti con l'impiego generalizzato di ricchi ornati e rivestimenti in marmo, che ne testimoniano l'accresciuta prosperità e importanza. Vengono costruiti l'Arena, capace di trentamila spettatori, e il teatro, inserito in un grande complesso monumentale che rivestiva scenograficamente il colle; eretti archi ornamentali (come quello di Giove Ammone) od onorari (come quello dei Gavi); dotate le porte dei Leoni e Borsari di facciate marmoree sui due fronti; risistemato il foro.

265 d.C. Dopo un periodo di abbandono delle difese (tratti di mura vengono demoliti già nel primo secolo d.C.), l'imperatore Gallieno fa realizzare in breve tempo una nuova cinta, che segue il precedente tracciato, ma si allarga ad inglobare l'Arena. Costruita in buona parte con materiali di spoglio provenienti dalle necropoli esterne alle mura, è questa l'ultima rilevante opera pubblica di età imperiale.

III sec. d.C. Alla fine del III secolo dovrebbe risalire la costituzione della diocesi veronese, considerato che San Zeno, contemporaneo di Sant'Ambrogio e vissuto pertanto nella seconda metà del IV secolo, ne fu l'ottavo vescovo. L'attività di Zeno, che la tradizione vuole di origine nord-africana, coincide con un momento di espansione del numero dei fedeli testimoniata, oltre che dagli scritti del santo, anche dal rapido succedersi di trasformazioni e ampliamenti della cattedrale paleocristiana.

V-VI sec. d.C. Nuove chiese si aggiungono alla cattedrale, perlopiù all'esterno delle mura, nelle aree cimiteriali romane utilizzate anche per le inumazioni cristiane. Tra queste prime chiese vanno annoverate San Procolo, Santo Stefano, Santi Apostoli, probabilmente San Giovanni in Valle e la prima chiesa *ad martyres* dei Santi Fermo e Rustico, mentre San Pietro in Castello, esistente già all'inizio del VI secolo e distrutta nel 1801, fu edificata nel luogo stesso in cui sorgeva il tempio pagano che sormontava il complesso del teatro.

489-568. Gli Ostrogoti occupano Verona. Tra le opere che il loro re Teodorico, educato a Costantinopoli, avrebbe avviato in città vi è la costruzione di un palazzo destinato alla residenza della corte (nei pressi del Teatro Romano), il ripristino dell'acquedotto e delle terme, e la ricostruzione delle mura, che comportò una parziale demolizione della chiesa di Santo Stefano. Sotto il profilo sia civile che militare l'interesse dei Goti appare di conseguenza concentrato sull'area fortificata del colle, mentre gli scavi più recenti hanno mostrato un rapido impoverimento, tra VI e VII secolo, delle abitazioni situate nell'ansa del fiume, che si sovrappongono all'edilizia tardo-antica e reimpiegano sistematicamente materiali provenienti da edifici e strade pubbliche, segno dell'affievolirsi dell'autorità cittadina.

568-572. Verona, dopo la conquista da parte del re Alboino e fino alla sua morte, è la prima capitale del regno longobardo. La *Curtis Regia* e la *Curtis Ducis*, aree fiscali appartenenti al patrimonio regio, sono le due zone in cui i Longobardi insediano le strutture amministrative, senza produrre tuttavia alterazioni di rilievo nell'assetto urbano. Resta traccia della prima nella denominazione della demolita chiesa di San Salvatore in Corte Regia, tra via Cappello e il fiume, e della seconda, che occupava l'area tra via Garibaldi, corso Porta Borsari e il fiume, nella toponomastica, con il nome di Cortalta.

720. Già esiste il monastero di Santa Maria in Organo, cui in epoca longobarda si affiancano anche altre comunità monastiche, che godono di donazioni e benefici regi, alle quali sono sovente collegati degli xenodochi, luoghi di ricovero e di assistenza per malati e pellegrini. Nel 744 veniva fondata la piccola comunità femminile di Santa Maria in Solaro. Attorno al 765 il vescovo Annone recupera in Istria i corpi dei santi Fermo e Rustico, martirizzati a Verona, e ne fa riedificare la chiesa, annettendovi probabilmente un monastero.

774. Le truppe franche conquistano la città ponendo fine alla dominazione longobarda. Durante l'assedio viene gravemente danneggiata l'antica chiesa di San Zeno, di incerta localizzazione.

805. Alla presenza del re Pipino, il figlio di Carlo Magno che risiedette lungamente a Verona, le reliquie di San Zeno vengono solennemente traslate nella nuova chiesa, ricostruita nel luogo attuale assieme al monastero benedettino. Grazie anche all'ampiezza dei benefici e privilegi ricevuti dalla corte carolingia, l'abazia restò per secoli a Verona un sicuro punto di riferimento per la politica degli imperatori tedeschi, che vi soggiornavano in occasione dei loro passaggi in città.

812. Nel nucleo abitato sorto attorno al monastero di San Zeno è attivo un florido mercato.

813. La cappella dei canonici adiacente al Duomo, intitolata a San Giorgio (ma nota come Sant'Elena), è fondata su una proprietà donata dall'arcidiacono Pacifico (778-846), eclettica figura di artefice e letterato cui un'iscrizione riferisce, quale *ecclesiarum fundator renovator optimus*, anche lavori in alcune tra le chiese più importanti: San Procolo, San Vito, San Pietro in Castello, San Lorenzo, Santa Maria Matricolare (il Duomo).

1065. Inizia la ricostruzione di San Fermo Maggiore da parte dei benedettini, compiuta nel 1143 secondo modelli romanici cluniacensi da cui discenderà anche la rifabbrica di San Lorenzo (inizio del XII sec.).

XI-XII sec. Una forte immigrazione, richiamata dalla crescita del ruolo economico della città, si insedia nelle aree esterne alle mura, soprattutto attorno a chiese e monasteri suburbani. Crescono così, fino a divenire popolosi borghi, i nuclei abitati formatisi fuori delle porte Borsari (attorno alle chiese di San Lorenzo e Santi Apostoli) e dei Leoni (presso il monastero benedettino di San Fermo e l'approdo al ponte delle Navi). Anche sulla riva sinistra si stabiliscono nuovi consistenti insediamenti, tra San Giorgio in Braida e Santo Stefano e tra San Giovanni in Valle, San Nazaro e Santa Maria in Organo.

1117. La valle Padana è colpita da un grave terremoto. Secondo le cronache, è allora che sarebbe caduto quasi totalmente il fronte esterno dell'Arena, mentre molte chiese, gravemente danneggiate, vengono ricostruite in modi romanici. Nessun altro periodo vedrà una rifondazione così capillare degli edifici di culto, e ancor oggi la maggior parte delle chiese veronesi, quando non manifestano esplicitamente forme romaniche, basano il loro impianto su quello del XII secolo.

1136. È documentata l'esistenza delle nuove istituzioni comunali, frutto dell'alleanza tra aristocrazia, vescovo e ceti mercantili emergenti, in coincidenza con la ricostruzione romanica di

San Zeno, sul cui portale, compiuto nel 1138 dallo scultore Nicolò, il patrono si fa simbolicamente garante della unità raggiunta da *Equites* e *Pedites* sotto il vessillo cittadino.

1149-57. Sorge la prima cinta comunale, che chiudendo l'ansa dell'Adige a sud, all'altezza dell'arco dei Gavi trasformato in porta urbica, segue probabilmente il tracciato di un precedente vallo difensivo in cui era stato deviato un ramo del fiume, l'Adigetto. Vengono così compresi nel perimetro delle nuove mura i popolosi borghi sorti all'esterno delle porte Borsari (allora detta di San Zeno) e Leoni (o porta di San Fermo). Anche sul colle la cinta viene successivamente allargata per abbracciare gli abitati di Santo Stefano ad ovest, di San Giovanni in Valle e Santa Maria in Organo ad est.

1171. Il vescovo concede che sull'Isolo di San Tomaso, formatosi nel IX sec. per una piena dell'Adige e ancora disabitato, venga costruito un primo nucleo di case, cui si affianca la chiesa di San Tomaso (1173-1185) e il ponte Nuovo (esistente nel 1179).

1193-94. Per dare una sede agli organi del governo cittadino viene costruito il palazzo del Comune sulla piazza delle Erbe, inglobando la torre, del 1172, già appartenuta ai Lamberti. Con esso la piazza assume il ruolo di centro politico e civile, oltre che commerciale, della città.

1236-59. Verona entra a far parte del piccolo stato che Ezzelino III da Romano ha costituito nella Marca Trevigiana. Ezzelino, che risiede spesso in città (probabilmente nel palazzo Forti presso Sant'Anastasia), fa atterrare in gran numero le torri delle famiglie rivali e rafforza le mura urbiche, che raddoppia sul lato sud.

1260-62. Gli ordini mendicanti dopo la morte di Ezzelino da Romano (1259), che li aveva ostacolati, ottengono dal vescovo di spostare i loro conventi nel centro della città. I domenicani occupano e iniziano gradualmente a rifabbricare Sant'Anastasia nel 1260, i francescani San Fermo nel 1261, gli agostiniani Sant'Eufemia nel 1262. Nelle loro chiese, verso la fine del secolo, compare per la prima volta a Verona lo stile gotico.

1277. Alberto I della Scala viene nominato capitano del popolo, avviando di fatto la Signoria della sua famiglia su Verona. Entro la fine del '200 Alberto fa spostare molto più a sud del ponte Navi la linea delle mura tra l'Adige e porta Vescovo, includendovi il Campo Marzio e vaste aree libere da costruzioni.

1301. Alberto I della Scala fa ricostruire la Casa dei Mercanti in piazza delle Erbe. Con essa il gotico inizia ad essere accolto anche nell'architettura civile.

1320-25. Cangrande I della Scala realizza una nuova e assai più ampia cinta di mura. Fa prolungare la cinta di Alberto I verso nord, dove tre chilometri di cortine sono costruite sul crinale dei colli tra la porta Vescovo e la nuova porta San Giorgio verso Trento, mentre, in destra Adige, le mura si collegano ad un caposaldo esistente, a difesa dell'accesso fluviale da nord e dell'area di San Zeno, e chiudono l'ansa dell'Adige lungo un percorso che verrà poi seguito anche dai bastioni veneziani e austriaci, segnando il limite nel quale la città sarà contenuta fino al tardo Ottocento.

1354. Sventata la rivolta capeggiata dal fratellastro Frignano, Cangrande II fa costruire il ponte e il castello detto in seguito Castelvecchio. Pur contenendo un'ala di residenze (sintomaticamente posta sul lato opposto alla città), il castello ha soprattutto la funzione di difendere il ponte da minacce provenienti dall'interno, tenendolo disponibile per l'ingresso di soccorsi o per una fuga verso gli alleati in Tirolo.

1387-1402. Gian Galeazzo Visconti si impadronisce di Verona. 21
Nel breve arco di tempo della loro dominazione, i Visconti

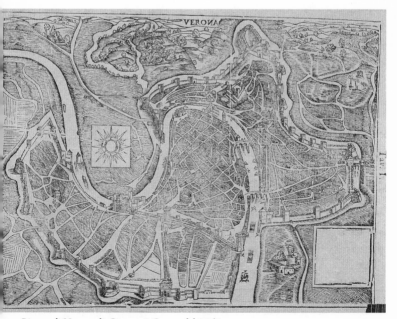

Pianta di Verona di Giovanni Caroto del 1540

avvieranno a fini militari, soprattutto di controllo del fronte interno e di difesa verso Venezia, opere fondamentali per il futuro della città: Castel San Pietro (1387), la Cittadella (1389), Castel San Felice (1390), l'apertura della via Nuova (attuale via Mazzini, 1393) a collegare la Bra con piazza Erbe.

1402-1405. La morte di Gian Galeazzo Visconti, nel 1402, dà via libera a Francesco Novello da Carrara, signore di Padova, che conquista Verona e si spinge fino a Brescia.

1405. Verona fa atto di dedizione a Venezia, che ha sconfitto i Carraresi, entrando a far parte del nuovo dominio di terraferma, che entro il 1420 la Serenissima estende a tutto il Veneto e al quale corrisponderà un periodo di pace che, con poche interruzioni, durerà quattro secoli. Tra le prime opere intraprese dai Veneziani

Veduta a volo d'uccello di Paolo Ligozzi (inizi XVII secolo) stampata dai Remondini nel secolo successivo

è il completamento del Castel San Felice (1406) e la ricostruzione della Cittadella, danneggiata dagli eventi bellici (1413-28).

1442-44. Durante l'episcopato di Francesco Condulmer, nipote del papa veneziano Eugenio IV, San Giorgio in Braida viene affidato ai Canonici Secolari di San Giorgio in Alga, San Nazaro e Celso ai benedettini riformati di Santa Giustina e Santa Maria in Organo ai benedettini olivetani. Le ricche rendite di cui godono le tre antiche abazie consentono negli anni 1460-80 di avviare la ricostruzione delle chiese sulla base di progetti aperti alle idee del primo Rinascimento.

1452. I Francescani Osservanti iniziano la costruzione della chiesa di San Bernardino che, pur realizzata ancora in forme gotiche, riceve nel 1474 uno dei primi portali veronesi all'antica.

1477-78. Un lascito del rettore di San Lorenzo, Matteo Canato, permette di aggiungere alla chiesa romanica un protiro laterale in forme rinascimentali.

1476-92. Viene costruita la Loggia del Consiglio, primo edificio di impronta interamente rinascimentale, denso di riferimenti alle antichità romane e alle tradizioni umanistiche della città. Una folta schiera di scalpellini e scultori lombardi attende alla decorazione. A questi abili artigiani si deve la diffusione capillare anche nell'edilizia privata dello stile proto rinascimentale detto «lombardesco».

1509-1517. Con la guerra della lega di Cambrai, l'imperatore Massimiliano I sottrae Verona e buona parte della terraferma ai Veneziani.

1518. Rientrata in possesso della città, Venezia dispone l'abbattimento di edifici e alberi attorno al circuito delle mura per la profondità di un miglio, allo scopo di eliminare qualsiasi riparo utilizzabile da un assediante. La spianata comporta la dolorosa perdita sia di nuclei abitati che di chiese e conventi sorti all'esterno delle porte, alcuni molto antichi.

1518-25. Nel corso di una prima fase di aggiornamento delle fortificazioni sotto la direzione dei responsabili militari veneziani, si costruiscono bassi torrioni circolari, o rondelle, ai vertici e nei punti nevralgici della cinta, con il compito di portare le artiglierie in posizione di fiancheggiamento delle mura e delle porte. Vengono inoltre riedificate in stile lombardesco le due porte del Vescovo (1520) e di San Giorgio (1525).

1527. Con la direzione (e probabilmente il progetto) del governatore alle fortificazioni Francesco Maria della Rovere viene iniziata la costruzione del bastione delle Maddalene, che segna l'abbandono dei torrioni circolari, impiegati negli anni precedenti, e l'adozione del moderno sistema difensivo a bastioni poligonali.

1530. I lavori sono affidati all'architetto veronese Michele Sanmicheli, appena rientrato da un lungo soggiorno romano, che mette a frutto per la Serenissima le esperienze di architettura militare condotte con Antonio da Sangallo il Giovane nei territori pontifici. Entro la metà del secolo la cinta bastionata viene gradualmente estesa a tutto il fronte meridionale, nel quale si aprono le tre nuove porte sanmicheliane: porta Nuova (1533), di San Zeno (1542) e Palio (1547).

1531. Il Sanmicheli è incaricato di proporre i modi di una riconversione civile delle aree interne alla Cittadella. La collocazione della porta Nuova sulla linea delle muraglie viscontee, l'abbattimento di queste (1535) e l'utilizzazione dell'area del fossato per il tracciato del corso Porta Nuova, servono all'architetto per disegnare un nuovo asse di accesso alla città, che converge sulla Bra. In modo analogo la porta Palio è il punto di partenza di un secondo asse che conduce alla porta Borsari e alla piazza Erbe, sostenuto nel tratto intermedio (lastricato nel 1532) dalla presenza monumentale dei palazzi Canossa e Bevilacqua, anch'essi progettati da Sanmicheli negli anni Trenta del '500.

1604. Domenico Curtoni, tra i più interessanti eredi della lezione classica sanmicheliana, viene incaricato di progettare l'Accademia dei Filarmonici (di cui viene realizzato solo il corpo frontale con il grande pronao «palladiano»). Nel 1610 egli avvia anche la costruzione della Gran Guardia, dimostrando una chiara coscienza della funzione e della scala urbanistica dei due edifici che pone, in relazione assiale, a connotare la Bra ai due lati dei Portoni.

1630. La tragica pestilenza che colpisce l'Italia del nord dimezza in pochi mesi la popolazione veronese, che solo alla fine del '700 tornerà ai livelli precedenti il flagello. Ne consegue una lunga crisi anche nell'attività edilizia.

1739-45. Di fronte al teatro Filarmonico, completato nel 1728 su disegno di Francesco Galli Bibiena, sorge sulla Bra il pubblico Museo Lapidario, ideato già da tempo da Scipione Maffei (parte attiva anche nella realizzazione del teatro), che ne ha affidato il progetto al nobile e architetto Alessandro Pompei, da lui formato al gusto per l'antichità intesa come modello di metodo e razionalità, piuttosto che di monumentalità.

1744-48. Viene costruita la Dogana di Terra a San Fermo. Avrebbe dovuto servire alle esigenze di controllo fiscale della Serenissima, ma è progettata da Alessandro Pompei in forma di un'ampio foro porticato nel quale far svolgere i traffici degli spedizionieri locali, in linea con il quadro delle iniziative di riforma delle infrastrutture commerciali della città pensato dal Maffei. Nel 1792 l'aggiunta della Dogana di Fiume accentuerà la valenza urbanistica del complesso.

1768. Il corso Porta Nuova viene livellato e assestato. Nel 1770 è steso nella Bra il lastricato del *liston* per il pubblico passeggio. Nel 1773 l'architetto Adriano Cristofali inizia a sue spese a contornare con un elegante portico il Filarmonico e il Lapidario maffeiano. Gli interventi sono nuovi tasselli in vista del recupero dello spazio della Bra a principale piazza cittadina, che si compirà nel secolo successivo.

1797. Sotto la spinta delle armate napoleoniche cade la Repubblica Veneta. Nel 1801, con il trattato di Luneville, Verona viene divisa lungo il corso del fiume: sotto il controllo francese la parte a destra Adige, sotto il controllo austriaco quella a sinistra, che da allora verrà chiamata Veronetta (e avrà perfino una propria cattedrale provvisoria, in San Nazaro e Celso). Prima di ritirarsi al di là dei ponti, i francesi smantellano le fortificazioni che avrebbero potuto essere utilizzate contro di loro. Sono così fatti saltare castel San Pietro, con l'antichissima chiesa al suo interno, e la torre scaligera posta in capo al ponte di Castelvecchio, le torri del quale, private delle merlature e ribassate, accolgono artiglierie puntate sulla riva opposta. L'opera di demolizione della cinta veneziana prosegue anche in destra Adige, dove vengono sistematicamente minati i bastioni cinquecenteschi.

1805. Ripreso il pieno controllo della città, il governo napoleonico attua una completa riorganizzazione delle strutture e dei meccanismi amministrativi secondo i modelli francesi, con conseguenze rilevanti sia per il settore dei lavori pubblici, affidati ad uffici tecnici sotto la responsabilità di ingegneri, sia per la regolamentazione dell'edilizia privata, alla quale sovrintende la Commissione d'Ornato, istituita nel 1807.

1806-10. Le soppressioni di chiese e conventi comportano la sistematica riutilizzazione di questi ultimi e delle chiese minori a fini militari, assistenziali o amministrativi, mentre le chiese maggiori (soprattutto quelle degli ordini mendicanti) servono da parrocchie. Una quota consistente degli immobili demanializzati, spesso di grande valore storico, è alienata e subisce demolizioni o trasformazioni radicali.

1814. Verona entra a far parte dell'impero asburgico, dove è chiamata a svolgere un ruolo centrale nel sistema difensivo del Lombardo-Veneto, posta com'è all'intersezione tra la via di comunicazione diretta con l'Austria attraverso il Brennero e l'asse Milano-Venezia. Nel 1822 vi si svolge il congresso della Santa Alleanza, che vede presenti in città i maggiori regnanti d'Europa.

1828. Su progetto di Giuseppe Barbieri inizia la costruzione del Cimitero Monumentale.

1833. Gli Austriaci iniziano la ricostruzione dei bastioni rinascimentali smantellati dai Francesi, aggiornati e rinforzati con opere complementari, cui segue la creazione di una prima serie di forti staccati (anni trenta-quaranta dell'Ottocento) secondo il piano del generale del Genio Franz von Scholl. Dopo il 1848, e dopo la perdita della Lombardia nel 1859, la munizione della piazzaforte veronese, componente principale del Quadrilatero, viene incrementata soprattutto verso occidente, creando a raggiera attorno alla città e lungo le vie di accesso una fitta rete di forti staccati, in grado di battere una grande estensione di campagna. I vincoli e le servitù militari che discendono dal piano di trasformazione del territorio in campo trincerato (e che si allenteranno solo dopo il 1918) risultano pesantissimi per le tradizionali attività agricole, manifatturiere e commerciali veronesi. Inoltre ogni possibilità di espansione all'esterno della cinta è bloccata.

1834. L'antiquario Andrea Monga acquista e fa demolire alcune delle case sorte sul Teatro Romano per metterne in luce i resti. Gli scavi e la sistemazione dei ruderi si compiranno nel 1936.

1835-48. Con la costruzione della monumentale Gran Guardia Nuova, l'attuale Municipio, progettata da Giuseppe Barbieri, si chiude la vicenda della sistemazione della Bra, avviata nel '700 dalle iniziative di Scipione Maffei.

1849. La linea ferroviaria Venezia-Milano, detta Ferdinandea, raggiunge da Vicenza la stazione di porta Vescovo. Nel 1851 la linea da Mantova si attesta alla stazione di Porta Nuova, nel 1859 la linea da Bolzano a San Giorgio. Le officine ferroviarie di porta Vescovo (1849), le principali del Lombardo-Veneto, saranno fino ai primi del '900 il più consistente impianto industriale veronese.

1864. L'impresa veneziana Neville costruisce in concessione il ponte in ferro poi intitolato a Garibaldi, il primo ad aggiungersi ai quattro esistenti fin dall'età scaligera. Servirà a dare accesso diretto alla via di Trento e a favorire ai primi del '900 la nascita del quartiere elegante di Borgo Trento.

1866. Verona e il Veneto vengono annessi all'Italia.

1869-73. Viene restaurata la Loggia del Consiglio, primo di una serie di interventi voluti dalle amministrazioni cittadine post-unitarie per il recupero all'uso pubblico dei monumenti che incarnano il mito della città scaligera e veneziana. Condotti con i criteri di ripristino stilistico vigenti all'epoca, i restauri investono anche il palazzo del Comune (1878), la Casa dei Mercanti (1878), il palazzo del Capitanio (1882). Nelle chiese medievali, che spesso erano state oggetto di trasformazioni barocche, vengono rimossi stucchi, altari, monumenti funerari e quanto non concordi con il supposto assetto originario. È la sorte subita ad esempio da San Zeno (1870), Sant'Anastasia (1878-81), Santa Maria Antica (1886), San Lorenzo (1887). Più rispettosi della storia del monumento i restauri condotti ai primi del '900 in San Fermo Maggiore e in Santo Stefano da Alessandro Da Lisca, competente tecnico e studioso che guiderà a lungo la Soprintendenza ai Monumenti veronese.

1870. L'apertura di un arco neogotico nelle mura verso il Corso permette ai cittadini di accedere al ponte di Castelvecchio, fino ad allora riservato ad uso militare.

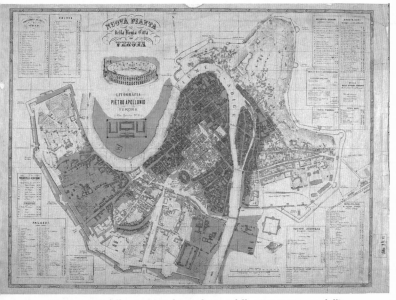

Le parti più scure della pianta indicano le aree della città sommerse dall'inondazione dell'Adige del 1882

1882. In settembre l'Adige in piena irrompe tra le case provocando gravissimi danni. Vengono distrutte centinaia di abitazioni e di botteghe, travolti dai mulini strappati agli ormeggi il ponte Nuovo e il ponte in ferro Aleardi (inaugurato tre anni prima). Poco dopo il disastro, si decide la costruzione di argini in muratura per il contenimento delle piene, l'interramento dei rami secondari che delimitano le isole fluviali, la rettifica dei restringimenti che ostacolano il deflusso della corrente, soprattutto all'altezza del ponte Nuovo. Attuate tra 1885 e 1895, queste opere imponenti comportano una radicale modifica della struttura fisica ed economica della città storica.

1880-87. Con l'obiettivo di favorire la formazione di un nucleo industriale che potesse attrarre investimenti e alleviare la disoccupazione, l'Amministrazione guidata dal sindaco Camuzzoni realizza il canale agricolo-industriale, che utilizza le acque dell'Adige per irrigazione e per fornire forza motrice a costi contenuti nell'area del Basso Acquar. Questo primo polo produttivo stenta ad avviarsi, ma prefigura la scelta definitiva delle aree a sud della città come zona industriale.

1913. Il concorso per la costruzione di una nuova sede della Cassa di Risparmio in piazza Erbe, in adiacenza alla Casa dei Mercanti, vede la partecipazione di Antonio Sant'Elia. Il suo progetto, classificatosi al secondo posto, è l'unico a non perseguire intenti di mimesi stilistica. Collegandosi ad Otto Wagner e alla Secessione viennese, esso lascerà tracce nelle prime opere di Ettore Fagiuoli, protagonista dell'architettura veronese tra le due guerre, in particolare nel villino Tedeschi in via Bixio (1914) e nel garage Fiat in via Manin (1916-20).

1924. La demolizione del ghetto ebraico, situato alle spalle di piazza Erbe, coinvolge significativi edifici medievali e rinascimentali nel cuore della città. È il primo dei diradamenti e sventramenti che in periodo fascista interesseranno il centro storico.

1925-26. Il restauro di Castelvecchio per destinarlo a Museo Civico, ad opera di Ferdinando Forlati e Antonio Avena, restituisce alla città uno dei suoi monumenti-simbolo, fino a quell'epoca usato come caserma.

1926. Con la costruzione del ponte della Vittoria di Ettore Fagiuoli viene aperta la via Diaz, abbattendo gli isolati che contornavano la piazzetta di San Michele alla Porta (accanto a porta Borsari) e la stessa chiesa.

1936. Il crollo di un edificio è pretesto per la demolizione del lungo isolato che chiudeva via Sant'Alessio verso il fiume. Il percorso tra San Giorgio e Santo Stefano perde così il carattere di via interna e si va ad aggiungere ai lungadige ottocenteschi.

1938. Con il rifacimento e lo spostamento a valle del ponte Nuovo la piazza San Tomaso, già interna all'Isolo, viene aperta verso il fiume.

1945. Alla fine dell'ultima guerra Verona è coperta di rovine. La distruzione dei ponti, compresi quelli di Castelvecchio e della Pietra, fatti saltare dai tedeschi in ritirata, si aggiunge ai terribili effetti dei bombardamenti alleati. Intere vie, come corso Porta Nuova, stradone San Fermo, via Stella sono devastate. I danni ai monumenti comprendono tra l'altro la parziale distruzione di San Lorenzo, San Giovanni in Valle, Santa Maria della Scala, San Bernardino, San Paolo in Campo Marzio, Santa Trinità, San Pietro Incarnario, Santa Teresa degli Scalzi. Tra le rovine della biblioteca Capitolare vengono salvati a fatica i preziosi manoscritti; ben poco resta della chiesa di San Sebastiano in via Cappello, dove era sistemata la biblioteca Civica.

1945-59. Il restauro dei monumenti si accompagna alla ricostruzione dei ponti storici (di Castelvecchio nel 1951, della Pietra nel 1959) «com'erano e dov'erano». L'opera, diretta dal soprintendente ai monumenti Piero Gazzola e preceduta da accurati studi per la ricollocazione di tutte le parti originali raccolte nelle acque dell'Adige, è considerata parte della storia del restauro.

29

Verona itinerari

Il centro civile e mercantile

Piazza delle Erbe deriva la medievale forma a fuso dal rettangolo allungato del Foro romano su cui sorse. Al centro del lato minore del Foro sboccava il cardine massimo (via Cappello), sul lato opposto lo spazio terminava a ridosso del decumano massimo (corso Porta Borsari), oltre il quale era chiuso dalla mole del *Capitolium* con il tempio di Giove, mentre a ovest della piazza si trovavano i grandi edifici della *Curia* e della *Basilica*.

Fa da sfondo alla piazza attuale sul lato del Corso la facciata barocca del palazzo Maffei. La possibilità di sfruttarne commercialmente la posizione spinse a prevedere gli arconi per botteghe a piano terra, soluzione inconsueta per un palazzo nobile alla metà del '600. Nel sottosuolo sono state individuate le fondamenta del *Capitolium* romano. Accanto al palazzo è la torre del Gardello, completata nel 1370 da Cansignorio, che la dotò di un orologio a campana. Sulle case che si affollano tra il Corso e la piazzetta XIV Novembre si scorgono resti di affreschi del tardo '400: *La consegna delle chiavi a Pietro, L'Eterno* e *Madonna in trono col Bambino e santi* di Girolamo dai Libri (al n. 23); *Incoronazione della Vergine* (quasi scomparsa) di Liberale da Verona (al n. 27). Accanto (al n. 29) *Ercole e l'Idra,* attribuito a Francesco Caroto, recentemente scoperto.

In angolo con via Pellicciai è la *Domus Mercatorum*, sede dell'organismo che regolava dall'età comunale l'esercizio dei commerci

Piazza Erbe: case Mazzanti

e delle Arti, imbalsamata da un infelice restauro del 1878 al quale è sopravvissuta la *Madonna col Bambino* di Girolamo Campagna (inizio del '600). Alberto I della Scala, che con il controllo della *Domus* aveva consolidato il suo potere, la fece erigere nel 1301 demolendo la originaria costruzione in legno. Nelle bifore, di carattere ancora romanico, comincia a comparire l'arco gotico. Le alte case adiacenti erano parte del ghetto ebraico, abolito solo nel periodo napoleonico.

Sul lato opposto è l'antico **Palazzo del Comune**, severa

Piazza Erbe: fontana di Madonna Verona

costruzione a corte degli ultimi anni del XII secolo, rivestito nel 1810 dalla facciata neoclassica di Giuseppe Barbieri. Il palazzo, che inglobò la **Torre dei Lamberti** del 1172, adattata a torre civica e sopraelevata nel '400, è collegato all'ampliamento duecentesco della Domus Nova Communis dall'arco della Costa, sotto il quale è sospeso, forse fin dal XV secolo, un osso di cetaceo. Le case Mazzanti, collegate dal porticato quattrocentesco a due ordini di archi (quelli superiori chiusi nell'Ottocento), furono affrescate nel primo '500 con finte architetture. Attorno al 1530 il mantovano Alberto Cavalli aggiunse le allegorie (da destra) dell'Ignoranza, il Buon governo, l'Invidia; sul corpo d'angolo Lotta di giganti e la Carità. Sul fianco verso il Corso era un Laocoonte ora scomparso. Sul retro (via Mazzanti) una ripida scala esterna e la splendida vera del pozzo pubblico rinnovato nel 1478, con le guide in ferro che permettevano di calare i secchi dalle case, compongono uno degli angoli più pittoreschi di Verona.

Lo spazio centrale di piazza Erbe, sede di mercato fin dal medioevo, ha visto purtroppo negli ultimi anni i caratteristici banchi trasformarsi in volgari e invadenti baracche metalliche. La colonna di san Marco venne eretta nel 1523, in segno di dedizione alla Serenissima dopo la parentesi della guerra di Cambrai. Il leone veneziano, abbattuto nel 1797 con l'arrivo delle truppe napoleoniche, fu rifatto nel 1886. La fontana detta di Madonna Verona, voluta da Cansignorio della Scala nel 1368, incarna il mito della città *marmorina* da lui vagheggiata, con riferimenti diretti a quella romana nel riutilizzo del bacino termale rotondo e della statua classica, alla quale vennero rifatte testa e braccia. Sul fusto sono quattro rilievi coronati che rappresentano Verona e i re che ebbe-

33

Porta dei Bombardieri

ro parte nella sua storia, sormontati da quattro mascheroni rifatti probabilmente nel 1636 quando la fontana venne spostata dalla posizione originaria al centro della piazza. Sul baldacchino, detto impropriamente *la Berlina*, sotto il quale venivano insediati i podestà e proclamati i bandi, sono riportate le misure veronesi, completate dal cerchio legato a una catena per verificare il diametro delle fascine. Qui era anche il pilastro con l'edicola votiva tardo gotica, ora al limite meridionale della piazza.

Accanto a piazza Erbe, centro dei traffici commerciali, la piazza dei Signori cominciò

34

nel XII secolo a prendere forma come spazio di rappresentanza del potere civile. Attorno ad essa si raccolsero tra '200 e '300 le residenze dei Signori scaligeri (da cui il nome) cui si aggiunsero in epoca veneziana la Loggia del Consiglio e la facciata seicentesca del palazzo dei Giudici. Pochi dei palazzi che la contornano sono sfuggiti ai disinvolti restauri condotti tra '800 e '900, tutti tesi a ricostruire un'ipotetica immagine originale in edifici modificatisi organicamente per secoli. Sul lato del palazzo del Comune si è conservata la graziosa facciatina del 1524, popolata di stemmi abrasi dei Rettori veneti. Il monumento a Dante, più volte ospite degli Scaligeri a Verona, venne inaugurato nel 1865, sesto centenario della nascita, sotto gli occhi sospettosi degli austriaci che intuivano il senso pro-italiano della celebrazione. La messa in luce del lastricato romano sotto la via Dante ha provocato recentemente la incauta realizzazione di dislivelli, gradinate, ringhiere, che da questo lato hanno sconvolto il delicato equilibrio della piazza.

L'adiacente palazzo del Capitanio include le residenze dei primi Scaligeri, riorganizzate da Cansignorio nel 1363 in un sistema a corte fortificata con torri angolari. In seguito fu sede del Capitano, uno dei due nobili che Venezia inviava come rettori nelle città soggette. La facciata sulla piazza ha un portale del 1530-31, assegnato al Sanmicheli da Vasari. Nel cortile il capitano Zaccaria Barbaro fece ricostruire nel 1476 la loggia a tre piani, ancora legata a modelli gotici. Sul corpo a sud, il più manomesso dai restauri ottocenteschi, si apre la fantasiosa porta dei Bombardieri, di Bernardino Miglioranzi (1687), formata da armi e trofei che rimpiazzano gli elementi dell'ordine classico.

L'altro complesso di edifici scaligeri che affaccia sulla piazza si sviluppò da un nucleo del primo '300 rivolto verso la chiesa di Santa Maria Antica e venne ampliato come residenza di Mastino II. Nel 1364 Cansignorio vi fece erigere la loggia gotica a due ordini nel cortile e commissionò ad Altichiero un celebre ciclo di affreschi di cui sono stati recuperati pochi frammenti. Il palazzo, che ospitò poi il Podestà, l'altro rettore veneziano, ha verso la piazza un portale sanmicheliano (1533), spaesato dopo i restauri dei tardi anni venti, che restituirono la facciata ad un medioevo posticcio.

Piazza dei Signori

Primo edificio pubblico costruito a Verona in forme rinascimentali e tra i più significativi del '400 in Italia, la **Loggia del Consiglio** (1476-92) accoglieva gli organi collegiali del governo cittadino. Con le statue dei veronesi illustri dell'antichità poste sul coronamento, essa valorizzava la piazza anche come luogo celebrativo della storia civile della città. La serie di statue venne completata nel tempo con quelle di Girolamo Fracastoro (1559), sull'arco adiacente alla loggia, e di Scipione Maffei (1756) sull'arco a destra del seicentesco palazzo dei Giudici, mentre le due restanti, dei dotti agostiniani veronesi Enrico Noris e Onofrio Panvinio, provengono dal convento di Sant'Eufemia e furono qui collocate solo nel 1925.

35

Al di là dell'arco che unisce le residenze dei Signori e nel cuore di esse, è il recinto delle **Arche Scaligere**, annesso alla chiesa romanica di **Santa Maria Antica**. Le tre magnifiche tombe a baldacchino con statua equestre di Cangrande I, Mastino II e Cansignorio, che costituiscono un unicum nell'arte gotica italiana, compongono uno spazio di alta rilevanza urbana e simbolica.

La cosiddetta casa di Romeo, in via Arche Scaligere (al n. 4), è uno degli edifici che meglio conservano le forme del '300, a corte merlata e portico gotico. Sull'area delle piazze Indipendenza e Viviani, dove troneggia l'eclettico palazzo delle Poste di Ettore Fagiuoli (1922-26), erano i giardini cintati annessi ai palazzi scaligeri, dai quali furono staccati solo ai primi dell'800, con l'apertura della strada che collegava direttamente piazza Erbe al ponte Nuovo. Dalla piazzetta Navona, a lato del neoclassico Teatro Nuovo (1850), la via Crocioni porta in via Cappello, dove a sinistra (al n. 23) è la casa medievale designata dalla leggenda come quella di Giulietta, munita dell'indispensabile balcone (in stile) nel 1935.

Piazza Bra e la Cittadella

Bra, o Braida, è un toponimo ricorrente a Verona, probabilmente derivato dal tedesco *Breit* (largo), a designare un'area libera lungo le mura o il fiume, più che una piazza. Tale fu infatti a lungo la Bra, che solo nel secolo scorso raggiunse la conformazione attuale. Nata nel XII secolo come spazio di risulta tra l'Arena romana e la nuova cinta comunale, era alla fine del '300 una spianata controllata dal vasto recinto fortificato che i Visconti avevano costruito alle sue spalle e rivolto contro la città, la Cittadella. Quando nel '500 Michele Sanmicheli progettò la porta Nuova e la unì alla Bra con il corso omonimo, la piazza fu elevata al rango di principale accesso alla città. Al nuovo ruolo andò tuttavia adeguandosi lentamente, restando per molto tempo un luogo incompiuto e accidentato, teatro di rassegne militari e di fiere.

Contrappeso monumentale all'Arena, di cui ripete le arcate bugnate, è sul lato sud il palazzo della Gran Guardia di Domenico Curtoni (1610), destinato agli esercizi militari e cavallereschi dei nobili. Replica di modelli romani del primo '500 (casa di Raffaello) rivisitati alla luce dell'esperienza sanmicheliana, fu completato nell'800. A lato dei Portoni della Bra, aperti a doppio fornice al principio del '500, è l'accesso al **Museo Lapidario Maffeiano**

Pronao dell'Accademia Filarmonica

(al n. 28), che Scipione Maffei aveva fondato nel cortile dell'Accademia Filarmonica, su disegno di Alessandro Pompei (1739-45). Sul fondo del cortile è il grande pronao progettato nel 1604 dal Curtoni per l'Accademia, in asse con la galleria porticata della Gran Guardia. Il pronao era stato pensato come fronte monumentale del teatro dei Filarmonici, realizzato in seguito su progetto di Francesco Bibiena (1732). Per proteggere l'accesso al teatro, che per il pubblico era da via Roma, Adriano Cristofali ideò nel 1772 il portico esterno a colonne binate, costruendone le prime cinque campate. Lo completò verso la Bra nel 1929 Ettore Fagiuoli, nell'ambito di un progetto che manomise gravemente il cortile del maffeiano, alterato di nuovo dopo la guerra, all'atto della ricostruzione del bombardato teatro Filarmonico.

Oltre via Roma, che conduce a Castelvecchio sulla linea delle mura del XII secolo, ormai scomparse da questo lato, la piazza è chiusa dalla bella quinta arcuata di edifici che si impernia sul palazzo degli Honori (al n. 16) di Michele Sanmicheli (1555). Citando l'Arena nelle arcate bugnate al piano terra, Sanmicheli ripropone quel dialogo diretto con la grandezza della Verona romana che aveva instaurato vent'anni prima tra palazzo Bevilacqua e Porta Borsari. L'ampio passeggio dinanzi ai palazzi, il *Liston*, venne lastricato nel 1770, dando impulso a una nuova fase di opere pubbliche che entro la metà dell'Ottocento conferirono alla piazza la veste definitiva di nuovo centro cittadino: il completamento della Gran Guardia del Curtoni (1821); lo spianamento e abbassamento del terreno, che seppelliva buona parte dell'ordine inferiore dell'Arena, con la conseguente aggiunta della gradinata alla base della Gran Guardia (1822); la costruzione, ad est, della neoclassica Gran Guardia Nuova (1835) di Giuseppe Barbieri, dal 1874 sede municipale.

Una edicola votiva tardo-gotica segna l'imbocco di via Mazzini, fino all'Ottocento detta *via Nova* per essere stata aperta, nel tratto verso la Bra, dai Visconti nel 1393. Da questo lato è rivolto l'ingresso principale (arcovolo n. 1) del più celebre monumento romano di Verona, l'**Arena** (prima metà del I secolo d.C.), terzo per dimensione in Italia dopo il Colosseo e l'anfiteatro di Capua. Sulla via Dietro Anfiteatro sporge la cosiddetta «ala» dell'Arena, l'unico tratto superstite del fronte esterno. L'ala comprende quattro campate a tre ordini delle settantadue che in origine cingevano l'anello delle gradinate. La via svolta sul fianco della grande chiesa di **San Nicolò**, che affaccia sulla piazza omonima. Dietro la chiesa, nella piazza Mura Gallieno, sono visibili resti delle mura di Gallieno del 265 d.C., che in questo tratto, staccandosi dal precedente tracciato tardorepubblicano, si spingevano a cingere l'Arena, per impedire che un assediante vi si arroccasse per colpire la città. Proseguendo lungo l'anfiteatro e passando sul retro del palazzo Municipale, ampliato nel dopoguerra, si prende a sinistra lo stradone Maffei. Il palazzo Ridolfi (al n. 3), del '500, ha un portale che impiega il serliano «ordine prigioniero», con un rilievo nel timpano raffigurante il *Ratto di Europa*. All'interno Domenico Brusasorci dipinse la *Cavalcata di Carlo V e del papa Clemente VII* (1565), che rievoca la solenne incoronazione dell'imperatore a Bologna nel 1530. Di fronte è il palazzo Dal Verme-Maffei (al n. 2), in cui visse Scipione Maffei. Il rinnovamento del primo '500, cui appartiene anche il bel portale con rilievi di armi e trofei, non ha cancellato le tracce di un precedente edificio duecentesco, visibili verso via Tazzoli. La casa Pasquini in via San Pietro Incarnario (al n. 2) conserva in facciata affreschi (rovinati) di Nicola Giolfino (1530-40) con divinità dell'Olimpo in pose vivaci e anticlassiche e scene di contenuto astrologico.

La via Ponte Rofiolo conduce in via Pallone (dove era un campo per la pallacorda), parallela alle mura oltre le quali era il recinto della Cittadella viscontea, costituita entro il 1390. I Visconti riutilizzarono in questo tratto le mura comunali del XII secolo, in ciot-

Garage ex Fiat in via Manin

toli di fiume listati in mattoni, dopo averne portato i camminamenti sul lato opposto, per controllare la città. Al di là del ponte Aleardi si scorge l'atrio di accesso al **Cimitero Monumentale**, progettato nel 1828 da Giuseppe Barbieri. Attraversata via Pallone, oltre le mura inizia via del Pontiere, che conduceva alla porta Santa Croce della cinta più esterna scaligera, tra conventi ed orti. A destra un portale barocco con la statua di san Domenico introduce nel cortiletto della chiesa dedicata al santo, già delle domenicane, decorata attorno al 1720 con scenografici affreschi di Alessandro Marchesini (*Storie di santa Caterina, Gloria di san Domenico*). Poco più avanti, sulla sinistra, un vialetto alberato porta all'ex convento di **San Francesco al Corso**, fondato nel 1230 nel luogo dove il santo avrebbe alloggiato, sostando a Verona dieci anni prima. All'interno è stato allestito il **Museo degli Affreschi** e dal secolo scorso vi si mostra la cosiddetta **Tomba di Giulietta**.

Voltando a destra per la via dello Zappatore, si sale verso le absidi e il campanile di **Santa Trinità**, compiuta in forme romaniche nel 1114. Sul fianco verso la strada è stato murato un portale ionico di gusto sanmicheliano proveniente dal palazzo Balladoro in corso Cavour. Deviando su via Montanari si giunge al monumentale portale del palazzo Verità-Montanari (al n. 5), fatto costruire nel 1583 da Jacopo Verità, ora sede dell'Accademia Cignaroli. Il bel palazzo, di un manierismo incline al grottesco innestato su modelli sanmicheliani, è preceduto da un grande cortile cintato, più villa suburbana che edificio cittadino.

Da via Cesare Battisti si imbocca a sinistra corso Porta Nuova, rettifilo nato sull'interramento del vallo della Cittadella, le cui mura vennero demolite su questo lato nel 1535, in coincidenza con la costruzione della porta Nuova (1533-40), la prima e la più alterata delle tre costruite da Michele Sanmicheli sul fronte bastionato a sud della città, al quale attese dopo il 1530. Per ampliarne il passaggio gli austriaci aggiunsero nel 1854 due nuovi fornici ai lati di quello centrale, inserendoli verso la campagna in un paramento che imita quello, originale, del settore mediano. La porta, che serviva da cavaliere (aveva cioè sul tetto le artiglierie) unisce lo schema monumentale ad arco trionfale alla forza del bugnato rustico, derivato dalla porta Maggiore a Roma. Come la porta Palio, è ora isolata, avulsa dal contesto delle cortine e del vallo che la contornavano. Solo di recente le strutture del ponte esterno sono state riportate alla luce e restaurate.

Ripercorrendo il corso Porta Nuova, poco prima dei Portoni della Bra si incontra sulla sinistra la chiesa di **San Luca**, con un interessante altare del '700 costruito per la liturgia delle Quarant'Ore. Di fronte, il vicolo Ghiaia porta alla ex chiesa di Santa Maria della Ghiaia, fondata dagli Umiliati nel XII secolo. A lato dei Portoni si innalza la torre pentagona trecentesca alla quale si collega un tratto del passaggio, tra doppia fila di merli, fatto costruire dai Visconti per unire Castelvecchio alla Cittadella.

Il Borgo San Zeno

Alle origini del borgo di San Zeno, rimasto all'esterno delle mura cittadine fino all'epoca scaligera, era un nucleo di edifici di culto paleocristiani sorti su una delle maggiori aree cimiteriali romane, quella che si estendeva lungo la via Gallica, diretta a Brescia e Milano. Risale al V-VI secolo la chiesa di San Procolo, alla quale si affiancarono successivamente quelle dedicate a San Zeno e San Vito. Al principio del IX secolo comincia ad essere documentata la presenza di una «villa sancti Zenonis», aggregatasi attorno al monastero benedettino di San Zeno, in rapida crescita grazie all'appoggio e alle donazioni dei re carolingi e ottoniani. Indizio di precoce vitalità del borgo è anche l'uso dello spazio antistante la chiesa come piazza di mercato fin dall'alto medioevo.

La grande piazza è dominata dalla basilica di **San Zeno** (patrono della città), tra i più insigni edifici romanici dell'Italia settentrionale, affiancata dalla torre abaziale e dal campanile. All'angolo sud-est è la chiesa di **San Procolo**, riedificata nel XII secolo su preesistenze paleocristiane, molto alterata nel tempo e recentemente restaurata. La piazza è da secoli teatro del «Bacanal del Gnoco», antica festa popolare dell'ultimo venerdi di carnevale, *vènardi gnocolàr*, che dopo una sfilata di carri e di maschere da San Zeno alla piazza dei Signori, terminava dinanzi alla basilica con una elargizione di cibarie ai meno abbienti. L'istituzione della festa era attribuita dalla tradizione popolare, senza fondamento, al medico Tommaso da Vico, perché il suo monumento funerario (1531), ora murato sul lato nord della chiesa di San

Porta San Zeno

Procolo, si trovava prima a ridosso della cosiddetta «mensa dei poveri», la grande lastra di marmo a lato di San Zeno sostenuta da un'ara antica, usata per la distribuzione dei cibi.

Imboccata la via Porta San Zeno, si raggiunge la porta cinquecentesca, oltrepassata la quale conviene porsi, dal lato esterno, sul pontile di accesso. È questo uno dei pochi punti, infatti, in cui una porta della cinta bastionata veronese si conserva in continuità apprezzabile (almeno su uno dei lati) con il sistema fortificatorio di cui è parte, altrove stravolto con l'abbattimento dalle mura, il riempimento dei fossati, l'eliminazione dei ponti esterni. In questo tratto la cinta del '500 segue il tracciato delle precedenti mura a cortina che Cangrande della Scala aveva posto nel 1321-25 a difesa delle aree suburbane alla destra dell'Adige, a partire dalla catena che sbarrava il fiume a nord. La porta di San Zeno, inizialmente un passaggio aperto dai veneziani in uno dei torrioni scaligeri, fu realizzata dal Sanmicheli nel 1542 per essere inserita nel nuovo sistema difensivo bastionato. Come nelle altre porte sanmicheliane, anche qui le facce interna ed esterna, rese indipendenti dalle mura che le dividono, sono progettate con caratteristiche autonome. Il contrasto di colore tra la muratura in mattone a vista e l'intelaiatura in pietra chiara mette in maggior evidenza le membrature a bugnato rustico di quest'ultima, intese a dare forza e severità ai prospetti. Sul lato campagna il passo carraio centrale e la porta pedonale a sinistra (l'opposta è fittizia) erano dotate di ponte levatoio, sollevato attraverso le fenditure ancora visibili. La riquadratura sopra il portone conteneva il leone veneziano, scalpellato durante l'occupazione napoleonica assieme agli stemmi e iscrizioni sopra le porte minori. Le paraste bugnate, con capitelli ionici, poggiano su un marcapiano decorato a «cane corrente» e sono legate da una cornice a greche. All'interno erano i locali del corpo di guardia, dove ancora pochi decenni fa si vigilava sul pagamento del dazio per le merci in transito.

41

Tornati verso San Zeno, si prosegue per piazza Corrubio e, presa la via San Giuseppe, ci si trova in breve di fronte alla scalinata che sale sul muraglione delle regaste San Zeno. Prima che gli argini ottocenteschi ne modificassero l'aspetto, questa riva alternava case e mulini a tratti aperti, una volta protetti da mura merlate. Di qui si godeva, come oggi, una delle più apprezzate vedute del Castelvecchio e del ponte, che nel '700 anche Bellotto aveva dipinto. Le antiche ruote idrovore in legno che fino al secolo scorso sollevavano l'acqua per gli orti coltivati nei dintorni avevano dato il nome di Beverara alla zona. Sulla sinistra, seminascosta dal ponte Risorgimento di Pierluigi Nervi, si scorge nell'Adige la torretta scaligera che sosteneva la catena di sbarramento del fiume, sollevata di notte o in caso di pericolo per bloccare la navigazione da nord. Il palazzo Del Bene (al n. 25) presenta un abbinamento, non insolito, tra finestre gotico-veneziane e portale a tutto sesto rinascimentale (l'ultimo piano, con i balconi, è una sopraelevazione del 1838, in stile). Al termine delle Regaste un ramo del fiume (l'Adigetto), antico fossato delle mura comunali, deviava inoltrandosi nel fossato attuale del castello e proseguiva poi in linea retta fino a versarsi nell'Adige sul lato opposto dell'ansa.

Discesi alle spalle della chiesetta di San Zeno in Oratorio, se ne raggiunge l'accesso sul vicolo omonimo. La facciata è formata da elementi di epoche diverse: dal protiro arcuato romanico al rosone del XIV secolo che riproduce con realismo la ruota di un carro, alle finestre laterali gotico-veneziane. Le statue settecentesche sul muro verso strada (i patroni di Verona San Zeno e San Pietro Martire) provengono dalla distrutta Fiera di Campo Marzio. Percorrendo lo stradone Antonio Provolo, si giunge al convento di **San Bernardino**, fondato nel 1452 dai Minori Osservanti, che si erano stabiliti a Verona trent'anni prima a seguito della predicazione del santo. L'inconsueta disposizione della chiesa, affacciata all'interno del grande chiostro quattrocentesco che la separa dalla strada, deriva probabilmente dalla necessità di delimitare un'area di sagrato in una zona allora non urbanizzata e posta ai margini della città.

Si segue la circonvallazione interna fino alla porta del Palio, l'ultima (1547-61) e la più originale delle tre progettate da Michele

San Zeno: formella del portale

Sanmicheli per la cinta bastionata, purtroppo isolata dalle mura per favorire il traffico automobilistico. La fronte verso la campagna abbandona l'evidenza del bugnato rustico e dello schema consueto ad arco trionfale, utilizzando rimandi simbolici più sottili: l'idea di forza è affidata all'ordine dorico e la grandezza romana è richiamata dall'estrema eleganza degli elementi compositivi e decorativi classici. Il lato verso la città doveva svolgere un ruolo urbanistico di rilievo nel raccogliere, con un imponente porticato bugnato a cinque fornici, la direttrice del Corso, la via principale della città che da Sant'Anastasia giungeva alla porta Palio attraverso le tappe successive della porta Borsari e dell'arco dei Gavi. In realtà la porta restò a lungo inutilizzata, guadagnandosi la denominazione di «stupa», chiusa.

Lo stradone di Porta Palio, che come la porta trae il nome dall'antica corsa del palio che si disputava su questo percorso, è fiancheggiato sulla destra dalla mole imponente del neoclassico ospedale militare austriaco (1858-64). Alla confluenza di via Scalzi si trova la chiesa detta di Santa Teresa, fondata nel 1666 dai Carmelitani Scalzi Riformati che la dedicarono all'Annunziata, terminandola alla metà del '700. Il progetto, del carmelitano laico Giuseppe Pozzo, fratello del pittore-scenografo Andrea, è pensato in funzione delle grandi macchine barocche degli altari, posti nei bracci di croce innestati sull'ottagono centrale. All'altar maggiore *Annunciazione* (1697) di Antonio Balestra, tra i maggiori pittori veronesi dell'epoca. Il palazzo Orti Manara (al n. 31) è opera giovanile di Luigi Trezza (1784), che nel corpo centrale utilizza spunti sanmicheliani (dal palazzo degli Honori in piazza Bra) e barocchi (le vigorose cariatidi) adattandoli a un impianto concepito a scala urbana. Di fronte è la ex chiesa di Santa Caterina (al n. 20) esempio unico a Verona di facciata quattrocentesca a coronamento tondeggiante, di tipo veneziano. Della scomparsa chiesa di Ognissanti rimane (al n. 18) un bel portale rinascimentale trabeato, fatto negli anni (1474-96) in cui vi era priore l'umanista Giannantonio Panteo. Lo stradone termina all'altezza del Castelvecchio, dove fino al 1805 si attraversava l'arco romano dei Gavi, inglobato e utilizzato come porta urbica dalla cinta del XII secolo.

43

Castelvecchio e il Corso

L'antico *Corso*, come veniva semplicemente chiamata fino a metà '800 la via rettilinea che da Castelvecchio conduce a piazza delle Erbe e termina a Sant'Anastasia, coincide con l'asse principale sul quale si basò il tracciato della Verona romana. La via Postumia, proveniente da Genova e Cremona, attraversava la città lungo questa direttrice, scandita da successive mete monumentali che ne sottolineavano l'importanza: l'arco dei Gavi, fuori delle mura; la porta Iovia (o Borsari), oltre la quale la Postumia assumeva il ruolo di decumano massimo; un quadripilo (arco su quattro fronti), il cosiddetto arco di Giove Ammone, tra la porta e il Foro (attuale piazza Erbe); forse un secondo arco, simmetrico al precedente, tra il Foro e il ponte Postumio, che valicava l'Adige alle spalle di Sant'Anastasia.

Portoni Borsari

Nel XII secolo la crescita di un popoloso borgo fuori della porta Borsari, lungo quella che veniva ancora chiamata la via dei sepolcri per i monumenti funerari romani che la affiancavano, indusse a costruire una cinta difensiva più esterna, che inglobò l'arco dei Gavi, trasformandolo in vera e propria porta urbica. L'arco si trovava all'altezza della torre degli orologi del Castelvecchio, che gli si era affiancato alla metà del '300. Alla base della torre un'iscrizione ne ricorda la demolizione nel 1805 ad opera del governo napoleonico e sulla pavimentazione stradale lastre in pietra ne segnano la posizione originaria.

Il **Castelvecchio** e il ponte vennero fatti costruire dal 1354 da Cangrande II dopo che la rivolta capeggiata dal fratello Frignano aveva messo in luce la pericolosità dei suoi nemici interni. Cangrande II, imparentato con i conti del Tirolo, che lo avevano sostenuto contro i ribelli, con il ponte fortificato si garantiva in caso di pericolo una via di soccorso o di fuga verso gli alleati a nord. In origine il ponte era accessibile solo dal recinto interno del castello e, perdurando l'uso militare di quest'ultimo, il pubblico passaggio vi fu ammesso solo dal 1870, aprendo a questo scopo un nuovo arco (in stile gotico) accanto alla torre degli orologi.

Percorrendo il ponte fino alla riva opposta, ci si trova nella Campagnola, vasta area nell'ansa dell'Adige esterna alle mura, come indica il nome, rimasta inedificata fino alla costruzione dell'Arsenale austriaco Franz Joseph I, iniziato attorno al 1850, il cui ingresso è in asse con il ponte. Ispirato al modello dell'Arsenale di Vienna (1849-60) e progettato nello stile romantico nutrito di recuperi medievali veronesi (i paramenti esterni a corsi bicromi, le trifore neo-romaniche) e nord-europei (i torrini merlati), che lo apparentano alle contemporanee modifiche della porta Vescovo, doveva occupare un grande quadrilatero di circa quattrocento metri di lato, contenente officine e depositi. Rimasto incompiuto per la fine del dominio asburgico nel 1866, è stato recentemente acquisito dal Comune, che ha aperto al pubblico le aree interne. Gli edifici, ora inutilizzati, sono in cattivo stato di conservazione.

Tornati sul corso, dal ponte levatoio prospiciente via Roma si entra nella corte d'armi del castello, dove ha sede il **Museo di Castelvecchio**, riprogettato da Carlo Scarpa nel 1958-64.

Nella piazzetta Castelvecchio vennero ricomposti nel 1932, con ampie integrazioni delle parti mancanti, i resti dell'arco dei Gavi, estraniato così dalla originaria funzione urbana. Eretto nel I secolo d.C. come arco onorario privato dalla *gens Gavia*, influente famiglia locale, fu assiduamente rilevato e studiato dai più noti architetti del '500, dal Peruzzi ai Sangallo, al Serlio a Palladio. La suggestiva quanto erronea identificazione del progettista (che si firma sullo stipite dell'arco «L VITRUVIUS L L CERDO / ARCHITECTUS») con il celebre architetto e trattatista romano

Vitruvio Pollione contribuì alla fama del monumento nel Rinascimento. Affacciandosi sull'Adige dalla piazzetta, si ha una vista ravvicinata del ponte merlato di Castelvecchio. Le tre arcate asimmetriche, la maggiore delle quali raggiunge quarantotto metri di luce, non cedettero mai alle piene del fiume che travolsero più volte gli altri ponti. Furono però fatte saltare dai tedeschi nel 1945 e ricostruite sei anni dopo, ricomponendo scrupolosamente i materiali originari.

La definitiva urbanizzazione del corso Cavour come asse residenziale qualificato venne sancita negli anni trenta del XVI secolo con la costruzione dei due celebri palazzi Canossa e Bevilacqua di Michele Sanmicheli. Sul **Palazzo Canossa** (al n. 44), progettato poco dopo il rientro dell'architetto da Roma, si riversa l'esperienza diretta dell'architettura del primo '500 romano. Il seicentesco palazzo Muselli (al n. 42) si vuole abbia cercato di compensare con i tre monumentali camini la modesta altezza, evidenziata dagli adiacenti palazzi Canossa e Portalupi. In quest'ultimo (al n. 40), progettato alla fine del '700 da Giuseppe Pinter, «la facciata pare di tre diversi pezzi», come osservava una guida ottocentesca cogliendo l'indecisione tra piano terra sanmicheliano, piano nobile palladiano e attico barocco. Sul lato opposto (al n. 29) si trova il magnifico **Palazzo Bevilacqua** del Sanmicheli, rimasto incompiuto sul fianco sinistro che doveva svolgersi per altre quattro campate.

Di fronte al palazzo si apre, con un aggraziato portale gotico quattrocentesco sormontato dalla statua del santo titolare, il cortile che dà accesso alla chiesa di **San Lorenzo**, edificio romanico di grande interesse ricostruito nel XII secolo su una chiesa precedente, esistente nel IX secolo. Almeno all'epoca carolingia risale anche la chiesa dei **Santi Apostoli**, il cui lato settentrionale fa da sfondo alla piazzetta omonima, sul versante opposto del corso. Collegata al sacello cruciforme delle sante Teuteria e Tosca, ritenuto del V secolo, fu riedificata in forme romaniche, evidenti soprattutto nelle absidi, con ornati di eleganza quasi classica, e nello slanciato campanile. Il rinnovamento di San Lorenzo e Santi Apostoli all'inizio del XII secolo coincise con la espansione del borgo esterno nel quale le due chiese si trovavano, incluso poi verso la metà del secolo nella nuova cinta muraria comunale.

In fondo al corso Cavour si apre a destra una piazzetta sulla quale affaccia la casa del pittore Nicola Giolfino. Della vivace decorazione affrescata dal Giolfino nel '500, estesa a tutta la facciata, non restano che poche tracce (in due riquadri, in alto, *Battaglia* e *Trionfo di un condottiero*). Di fronte, in angolo con via Diaz, troneggia il barocco palazzo Carlotti (1665) di Prospero Schiavi, che ha nell'atrio le colonne di un precedente edificio del '400.

La via Diaz venne ricavata nel 1932 per dare accesso al ponte della Vittoria, demolendo le case che attorniavano la piazzetta di San Michele alla Porta. Questa era stata aperta dalla antica e potente Arte della Lana, che aveva laboratori e botteghe nella zona. A ricordare l'evento, l'Arte vi aveva fatto erigere nel 1598 il pilastro con l'agnello, sua insegna, ora presso il ponte della Vittoria. Iniziato nel 1926 su progetto di Ettore Fagiuoli, il ponte venne dallo stesso architetto ricostruito nel 1951-55 dopo i danni bellici, riproponendovi gli enfatici gruppi bronzei, celebrativi della vittoria nella guerra 1915-18. Esso diede definitivo impulso all'urbanizzazione del quartiere di Borgo

Corso Porta Borsari: testa di Gorgone

Trento, zona di espansione residenziale elegante, investita dalla speculazione edilizia dell'ultimo dopoguerra. Sulla riva sinistra, il piazzale Cadorna, chiuso dall'edificio del Fagiuoli a cavallo della via (1939), offre uno dei nodi urbanistici più interessanti del quartiere. Dal ponte della Vittoria si ha una ottima vista d'insieme del Castelvecchio e del suo ponte.

Ripercorrendo via Diaz, lungo la base degli edifici a sinistra della porta Borsari è visibile la struttura della cinta romana fatta erigere dall'imperatore Gallieno nel 265 d.C., in buona parte con materiali recuperati da edifici o monumenti funerari romani. La porta Borsari, come l'altra, detta dei Leoni, mostra un paramento monumentale in pietra aggiunto in età imperiale (I secolo d.C.) a rivestire una precedente e restrostante struttura repubblicana, qui completamente scomparsa. Chiamata *Iovia* in epoca romana, fu nel medioevo detta di San Zeno perché rivolta verso quel borgo, e in seguito dei *Bursarii*, i gabellieri che vi riscuotevano il dazio. L'iscrizione sui fornici venne posta a ricordare la ultimazione delle nuove mura di Gallieno nel 265 d.C., otto metri più esterne di quelle repubblicane per le quali era stata realizzata la porta, e fa conoscere la grande fretta con cui furono costruite: dal terzo giorno di aprile al quarto di dicembre, otto mesi.

Varcato il principale punto di accesso alla città romana, ci si trova all'imbocco del suo decumano massimo, il corso Porta Borsari. Lungo il percorso che conduce a piazza delle Erbe la regolarità del reticolo stradale romano è spesso interrotta da vicoli e passaggi a corti interne, di origine medievale. Il tratto fino all'incrocio con via Catullo in epoca romana ricadeva nel pomerio, fascia a ridosso delle mura tenuta libera da costruzioni. Il palazzo Realdi (al n. 36) di Antonio Pasetti, è una riuscita ripresa settecentesca dei modelli monumentali sanmicheliani. Le teste in chiave d'arco raffigurano *Le stagioni*, i rilievi a stucco *Le arti*. In fondo al prospiciente vicolo cieco Padovano (dalla antica bottega di uno speziale padovano) un grande portale classico immette nel cortile a semicolonne ioniche di palazzo Della Torre Dolci che, rimasto incompiuto per la morte del committente nel 1568 e molto alterato dopo l'ultima guerra, è comunque l'unica opera di Andrea Palladio esistente in città, con notevoli volte a stucco di Bartolomeo Ridolfi all'interno.

All'angolo con via Quattro Spade è stato recentemente rimesso in luce (al n. 31) un rudere con semicolonna tortile del quadripilo romano di Giove Ammone, posto all'imbocco della via laterale sul decumano, la cui chiave d'arco con testa barbuta (ora al Museo Maffeiano), largamente imitata dal '500 in poi, fu la capostipite delle caratteristiche «teste da porton» veronesi. Seguono, sui due lati del corso, due interessanti edifici medievali: le duecentesche case Da Campo (al n. 32), denominate *Stal dele Vecie*, con portale a tutto sesto sormontato da un bassorilievo con la *Vergine e il Bambino, la Trinità e gli arcangeli Michele e Raffaele,* e una casa gotica (al n. 27) con finestre del '300 a ghiera di pietra e mattoni (i balconi sono aggiunta successiva).

La chiesa di San Giovanni in Foro serba nel nome la memoria del vicino Foro romano. La struttura romanica, forse ricostruita dopo l'incendio del 1172 ricordato nell'edicoletta quattrocentesca in facciata, è stata alterata più volte. Il portale rinascimentale reca le statue del titolare Giovanni Evangelista tra quelle dei santi Pietro e Paolo. Nel seicentesco palazzo Rizzardi Ferriani (al n. 15), alla pacatezza classica della facciata si contrappone l'episodio centrale del portone e del balcone, dai movimentati ornati barocchi. Sulla sinistra un grande arco romanico immette nella corte Sgarzarie. Di fronte, il vicolo San Marco in Foro conduce a una piazzetta sulla quale prospetta la casa Lonardi Trevisani, completamente affrescata da Gian Maria Falconetto ai primi del '500 con episodi di storia romana inquadrati da finte architetture. In corrispondenza della torre del Gardello il corso sbocca sulla piazza delle Erbe.

Le chiese gotiche degli ordini mendicanti

La via che da piazza delle Erbe conduce a Sant'Anastasia (attuale corso Sant'Anastasia) è la parte settentrionale del decumano massimo romano, tratto urbano della via Postumia che, entrata in città dalla porta Borsari, attraversava l'Adige sul ponte Postumio, situato alle spalle della chiesa di Sant'Anastasia, e proseguiva verso Vicenza e Aquileia. La scomparsa del ponte, crollato attorno al IX secolo e mai più ricostruito, interruppe la continuità del percorso, definitivamente sancita dalla costruzione della grande chiesa che i domenicani posero a capo di esso alla fine del '200, dandole il massimo rilievo urbano come sfondo della più importante arteria cittadina.

A metà della via, sulla destra, si affaccia il cortile della Prefettura, complesso di edifici che ospitavano le residenze dei Signori della Scala, chiuso da una imponente cancellata neogotica (1874) ispirata a quella delle Arche Scaligere. Di fronte, palazzo Brognoligo (al n. 29) con una facciata che sebbene manomessa nell'800 reca finestre e portali della fine del '400:

49

Porta Leoni

gli stipiti in marmo rosso della porta centrale sono ornati da un motivo a squame poco frequente nei portali veronesi dell'epoca. Più avanti un passaggio ad arco immette nel Volto Due Mori, dove è l'ingresso alla **Galleria d'Arte Moderna**, situata nel palazzo Forti. Il palazzo che al termine del corso fa angolo con via San Pietro Martire venne acquistato dai Bevilacqua alla metà del '400 e trasformato nel 1847. La sua origine medievale è indicata dalle finestre trecentesche murate verso la piazza. Il cortile interno (ingresso da corso Sant'Anastasia 38) conserva una notevole vera da pozzo del tardo '400 con stemmi Bevilacqua, tra due colonne che sostenevano l'architrave con la carrucola, in analogia con il coevo pozzo di via Mazzanti.

Iniziando a costruire **Sant'Anastasia**, la prima chiesa gotica a Verona, i domenicani ottennero nel 1292 l'area prospiciente in dono dal vescovo Pietro della Scala, perché potessero liberare verso il corso la vista della facciata. Un consistente contributo finanziario alla nuova fabbrica fu dato da Guglielmo di Castelbarco, sepolto nell'arca pensile posta sull'arco di ingresso del convento (1319-20), aerea anticipazione dei sepolcri scaligeri. Il lato sinistro della piazza è delimitato dalla chiesa di **San Giorgetto**, anch'essa appartenente ai domenicani, sorta nel primo '300. La facciata gotica, la cui porta è stata resa impraticabile dall'abbassamento della via attuato nel secolo scorso, è ornata da un protiro pensile archiacuto e reca la lastra tombale del medico Bavarino de' Crescenzi (†1346), raffigurato in cattedra. La chiesa era stata dotata nel 1354 dai cavalieri tedeschi chiamati da Cangrande II in aiuto contro il fratello Frignano che gli si era ribellato. Sull'altro lato della piazza, dove i cavalieri erano alloggiati nello scaligero palazzo dell'Aquila, si trova ora l'albergo Due Torri, erede della locanda omonima esistente dalla metà del '600, dove soggiornarono celebri visitatori, tra cui Goethe, Heine, Ruskin.

Seguendo il fianco di Sant'Anastasia, da cui sporgono le cappelle rinascimentali inserite in rottura, e aggirandone le absidi, si raggiunge la piazzetta Bra Molinari. Il nome ricorda i mulini natanti che di qui fino al ponte Nuovo erano attraccati alla riva destra dell'Adige, collegati con lunghe passerelle, i «peagni», alle case dei molinari lungo la via Sottoriva. Verso l'altro lato del fiume si ha una splendida veduta del colle di Castel San Pietro. Verona, diversamente dalla maggior parte delle città padane, non è città di portici. Via Sottoriva, che seguendo l'Adige chiudeva diagonalmente la maglia degli isolati romani, in corrispondenza forse di un porto fluviale, costituisce perciò un'eccezione e conserva un carattere ancora nettamente medievale. Gli edifici che la dividono dal fiume sono interrotti da stretti vicoli, i Vò, che prima della costruzione degli argini e dei lungadige ottocenteschi costituivano in città i tipici passaggi verso le rive, altrimenti chiuse quasi ovunque dalle case. Sul lato opposto, un lungo e basso porticato lega edifici che risalgono al XII e XIII secolo, come mostrano i tozzi capitelli ad angoli scantonati che sostengono le arcate. Le case Monselice, al termine della via, sono tra gli edifici civili veronesi del medioevo meno alterati. Lo stemma della famiglia è scolpito sotto le finestre di più corpi di fabbrica adiacenti, fra i quali spicca la casa al n. 3 c/d, su tre archi in pietra a tutto sesto. Al piano più alto, due magnifiche bifore romaniche con colonnine binate e ghiera in cotto, di netta ascendenza lombarda. Al primo piano le aperture originali sono state sostituite nel '400 da finestre gotiche trilobate.

Sulla piazzetta Pescheria affaccia l'edificio merlato della Beccheria, pubblico macello (fino al secolo scorso, quando divenne pescheria) eretto nel 1468 in riva al fiume per ragioni igieniche, ricostruito dopo i gravissimi danni riportati dall'inondazione del 1882. Due iscrizioni murate sulla casa in testa al lungadige riguardano il ponte Nuovo, che fino al secolo scorso si imboccava in questo punto. I lavori di costruzione degli argini ne hanno comportato lo spostamento più a sud, dove è stata aperta la via Nizza, la cui prosecuzione, via Stella, porta in via Cappello. Si volta a sinistra su quest'ultima, che segue il cardine massimo

La facciata principale della chiesa di San Fermo Maggiore

Portale del Palazzo Verità in vicoletto Leoni

romano dal Foro (piazza Erbe) alla porta dei Leoni, e si giunge a uno slargo, fino all'ultima guerra dominato dalla imponente facciata della chiesa di San Sebastiano. Dal 1578 era stata data ai Gesuiti, che avevano il loro convento e le scuole nell'edificio poi occupato dalla Biblioteca Civica. Danneggiata dai bombardamenti, la chiesa non venne più ricostruita e la sua area è ora occupata dal corpo su pilastri del magazzino della biblioteca: restano parte del muro laterale con una statua e il campanile barocco, mentre la facciata marmorea è stata recuperata e adattata alla chiesa di San Nicolò. L'effetto surreale dei ruderi è accentuato dalla presenza all'intorno di nuovi edifici palesemente stridenti con il contesto antico.

Poco più avanti la via giunge ai resti della Porta dei Leoni, che segna il limite sud-orientale della città romana. La parte visibile in elevato è la metà sinistra del rivestimento marmoreo applicato nel I secolo d.C. a una porta fortificata a due fornici tardorepubblicana, che l'interstizio esistente tra le strutture accostate permette di osservare. Recenti scavi hanno esposto la base di uno dei due torrioni a sedici lati che all'esterno fiancheggiavano l'accesso. Il lato della cinta muraria romana nel quale si apriva la porta Leoni seguiva grosso modo il tracciato della via Leoncino. Proseguendo verso il ponte Navi, si osservi, posto trasversalmente nel vicoletto Leoni, il portale cinquecentesco di palazzo Verità, con testa di satiro in chiave d'arco e trofei d'armi tra colonne ioniche scanalate, adattate alla ristrettezza del passaggio con una soluzione d'angolo poco ortodossa.

Al termine della via, la chiesa di **San Fermo Maggiore** presenta la vista spettacolare delle sue absidi. Un sacello dedicato ai martiri Fermo e Rustico sorgeva qui nell'alto medioevo, in una posizione che andava assumendo un'importanza crescente per la presenza di un porto fluviale e di un passaggio sul fiume. Verso questo passaggio, forse già in epoca romana dotato di un ponte (poi detto delle Navi per la vicinanza dell'approdo), si era spostato il traffico verso Vicenza e Aquileia della via Postumia, che poteva evitare l'attraversamento della città valendosi di un percorso esterno di circonvallazione delle mura a sud (corrispondente allo stradone San Fermo). L'abside maggiore della chiesa, ricostruito in forma poligonale dai francescani (subentrati ai benedettini nel 1261), e le testate del transetto recano elaborati coronamenti gotici trecenteschi a timpani e cuspidi. La facciata verso piazza San Fermo, a corsi alternati di pietra e mattoni, mostra la continuità di una tradizione medievale veronese che ha in San Zeno il riferimento più evidente. A lato è l'ingresso ad un chiostro del '400, il più ampio dei tre che formavano il convento francescano.

Seguendo dal ponte Navi la via Dogana, si raggiunge la corte omonima, spazio chiuso da archi in pietra che raccordano i due edifici settecenteschi della veneziana **Dogana di San Fermo**. All'angolo con via

Portale della chiesa di Santa Maria della Scala

Flangini è il palazzo Murari Dalla Corte Bra, di architetto cinquecentesco che guarda al Sanmicheli di palazzo Canossa e alle opere mantovane di Giulio Romano. La via Flangini termina in via Leoncino, dove la facciata del palazzo Bentegodi Ongania (al n. 5) è affrescata a monocromi da Battista Del Moro con figure mitologiche, bibliche ed allegoriche, esempio di decorazione manierista (1550-60) in cui architettura e pittura nascono da un unico progetto complessivo. Il settecentesco palazzo Salvi Erbisti (al n. 6) di Adriano Cristofali, dove ha sede l'Accademia di Agricoltura, Scienze e Lettere, fondata nel 1768, ha sullo scalone e nel salone al piano nobile scenografici affreschi barocchi di Giorgio Anselmi.

Continuando per via Leoncino, che segue come si è visto il lato sud-est della prima cinta muraria romana, si piega a destra in via San Cosimo. Il palazzo Turco (al n. 4), detto dei «puoti» (pupazzi) per il grottesco apparato scultoreo (1573-79), ha origine da un intreccio di riferimenti storici e personali che il proprietario, Pio Turco, volle esibire dopo aver rappresentato la città di Verona ai festeggiamenti veneziani per la vittoria di Lepanto (1571). Le cariatidi della facciata raffigurano i Turchi vinti dalla Serenissima e alludono nel contempo al ruolo e al nome del committente. Subito dopo l'incrocio con via Zambelli, sulla destra, sono stati rinvenuti nel sottosuolo degli uffici della Banca Popolare i resti di una *domus* romana con cortile porticato. La recente risistemazione dell'edificio ha reso agibile l'area archeologica sottostante, parzialmente visibile

53

anche dall'esterno attraverso la seconda vetrina dall'angolo.

Su piazza Nogara affaccia la nuova ala della Banca Popolare, progettata da Carlo Scarpa nel 1973. La facciata, schermo traforato ricco di dettagli, dai materiali accuratamente scelti, isola l'edificio dal contesto e cela una interessante organizzazione interna, con l'audace soluzione della passerella aerea nel cortile. L'area a nord di piazza Nogara era occupata, fino alla soppressione napoleonica, dal convento dei Servi di Maria, ai quali era stata donata da Cangrande I della Scala e dai suoi successori tra il 1324 e il 1329. Il convento, espandendosi rapidamente, si era sviluppato su entrambi i lati di via Stella, tanto che per collegare i loro edifici era stato concesso ai frati nel 1382 di realizzare un passaggio sopraelevato, demolito nel 1954 per l'allargamento della strada. La chiesa dei serviti, **Santa Maria della Scala**, più volte rimaneggiata, subì danni gravissimi da un bombardamento nel 1945. L'ultimo tratto di via Scala verso via Mazzini è dominato dal palazzo Tedeschi, del 1750 (ora albergo Accademia), tra le più riuscite opere di Adriano Cristofali, benchè non completato verso la chiesa. La parte superiore del corpo centrale, con le statue in nicchia, è stato alterato da Ettore Fagiuoli nella ricostruzione post-bellica.

Sull'altro lato di via Mazzini è il palazzo Confalonieri Da Lisca, ora Banca di Roma, del tardo '400. La permanenza della decorazione originale a finte bugne diamantate, con fregio di sottogronda a festoni e medaglioni, testimonia che l'esterno è ancora sostanzialmente integro (eccettuate le vetrine aperte al piano terra). Particolarmente interessanti il portale, su via Quattro Spade 2, di impianto classico ma con una lieve strombatura ancora gotica, e la scala esterna nel cortile, tipica soluzione quattrocentesca, qui conservatasi in una singolare versione con doppia rampa di partenza. La via Quattro Spade era così chiamata dall'insegna di un'osteria, forse quella di antica origine che si trovava all'angolo con vicolo Balena, in una superstite (anche se mozzata) casa a torre di età comunale, delimitata da robuste pietre angolari bugnate.

Oltrepassato il corso Porta Borsari, la via conduce alla porta laterale della chiesa gotica di **Sant'Eufemia**, ricostruita dagli Eremitani di Sant'Agostino che vi si trasferirono nel 1262. All'atto della consacrazione, nel 1331, la lunghezza dell'edificio era limitata sul retro dal proseguimento di via Sant'Eufemia, che giungeva fino all'Adige. Per ampliare le absidi gli agostiniani chiesero ed ottennero nel 1340 da Mastino e Alberto della Scala di interrompere il passaggio, dando però luogo ad un'aspra contesa con i confinanti, che disfacevano di notte quanto i frati fabbricavano di giorno. L'appoggio della Signoria ai conventi degli ordini mendicanti si manifestò in questo caso nella maniera più decisa: i sabotatori vennero arrestati e giustiziati, e l'allungamento della chiesa potè essere completato.

Il quartiere del Duomo

Percorrendo il corso Porta Borsari da piazza Erbe, un grande arco romanico sul lato destro (tra i nn. 12-14) immette nella corte Sgarzarie. L'arco, con stemma scaligero abraso al centro e cornice a volute vegetali, fu fatto fare da Alberto I della Scala nel 1299 e rammenta l'importanza annessa dalla Signoria al commercio dei panni e della lana, il più florido della Verona medievale, che si svolgeva in questa zona. Il mercato della lana trovava ricovero nella aerea loggia trecentesca al centro della corte, che è racchiusa in un isolato del reticolo romano e accessibile solo attraverso passaggi coperti. Sul lato est della loggia, scavi recenti hanno riportato alla luce un tratto del criptoportico romano, lungo vano sotterraneo voltato, che circondava il basamento del tempio di Giove Capitolino.

Uscendo dal lato nord, in un suggestivo intrico di vicoli, corticelle, volti, si passa alla corticella Sgarzarie e, a destra, attraverso il Volto Monte, alla piazzetta del Monte di Pietà, fondato nel 1490 per iniziativa del francescano Michele da Aqui. Per scon-

La torre scaligera a un'estremità di Ponte Pietra

Duomo: abside

figgere l'usura, fra' Michele si era dedicato alla causa della creazione dei pubblici Monti come il suo più noto confratello Bernardino da Feltre, dal quale lo divideva l'idea, presto rivelatasi utopica, che i Monti di Pietà dovessero prestare agli indigenti senza chiedere interessi. Nel muro di cinta, coronato dalla merlatura quattrocentesca, si apre un portale del '500 a forte bugnato, sormontato dal rilievo del *Cristo in Pietà*. La prospiciente chiesa di San Benedetto al Monte, rifatta nel '600, la cui interessante cripta altomedievale è purtroppo di difficile accesso, faceva parte di un antico monastero benedettino dipendente da quello bresciano di Leno, di fondazione longobarda.

Verso la via Emilei la piazzetta è chiusa dal palazzo Negrelli Pindemonte (al n. 22), in cui nacque il poeta Ippolito Pindemonte, traduttore dell'Odissea. La facciata cinquecentesca è ornata da un elegante portale timpanato di gusto sanmicheliano. Il balcone angolare verso via Sant'Egidio fa da pendant a quello traforato del quattrocentesco palazzo Franchini, che sotto gli intonaci mostra ancora aperture romaniche. L'edificio è dotato di due splendidi portali tardo-gotici. In quello su via Sant'Egidio (al n. 2) due puttini sorreggono una tabella con la massima «Pecunia si uti scis ancilla, si nescis domina» (se sai usarlo, il denaro è tuo servo, altrimenti ti è padrone), che fece credere erroneamente alla presenza qui di una zecca. I medaglioni in alto sono un'aggiunta del 1934, mentre sono originali quelli con profili di Cesari sul portale di via Emilei, allargato con l'inserto della chiave d'arco.

A lato del palazzo Pindemonte, la via De Nicolis conduce alle corti Quaranta e San Mammaso, graziose piazzette congiunte in angolo. La prima trae nome dalla omonima famiglia di mercanti che abitava nel palazzo del tardo '500 (al n. 18) con originale loggia continua al piano sottotetto. Sulla seconda affaccia una casa che ha conservato sul fianco verso vicolo Castelrotto le finestre e la muratura del XII secolo a corsi di pietra e mattone. Nella via San Mammaso la casa Veronesi (al n. 8), piccolo gioiello dell'ultimo '400, ha conservato quasi integra la facciata, dove rilievi architettonici e pittura divengono intercambiabili: i profili dipinti della bifora al secondo piano riproducono quelli in pietra della bifora sottostante, sul-

56

l'architrave del portale sono intagliati grifi affrontati con code a motivi floreali, tipici di un fregio come quello affrescato in alto. L'ala quattrocentesca del **Palazzo Miniscalchi** (al n. 2/A), sede della Fondazione Museo Miniscalchi-Erizzo, unisce un impianto gotico-veneziano, con bifore traforate di rara leggerezza, alla decorazione a fresco del secondo '500.

Tornando in via Sant'Egidio, dove il portale del '400 di palazzo Zoppi (al n. 10) manifesta uno studio attento dell'arco dei Gavi, esattamente citato negli ornati classici

Duomo: grifone del protiro

della ghiera, si giunge alla via Sole. Essa è parte del percorso parallelo al fiume che interrompe a ovest il reticolo ortogonale romano e, dirigendosi verso la via Garibaldi, attraversa la zona della Cortalta (*Curtis Alta* o *Curtis Ducis*), area dove nell'alto medioevo si trovavano la residenza del Duca longobardo e altri edifici pubblici. Il ponte Garibaldi sostituisce quello in ferro costruito nel 1864 dall'impresa dell'ing. Neville, su concessione del Comune. Dove prima un barcaiolo traghettava alla sponda opposta (da cui il nome del vicino lungadige Riva Battello), si ebbe da allora una via d'accesso diretta alla strada di Trento, pagando il pedaggio di una *palanchéta* da due centesimi che i sorveglianti del Neville esigevano al passaggio. Ai primi del '900 il ponte favorì la nascita di nuclei di villini liberty oltre il fiume, tra i quali spicca la villa Tedeschi di Ettore Fagiuoli (1914), in testa al viale Nino Bixio (al n. 1). Intricato assieme di evocazioni medievali e rinascimentali, spesso costruite con pezzi autentici provenienti da demolizioni nella città antica, la villa è una delle prime e più interessanti opere del maggior architetto veronese tra le due guerre.

Sullo stradone Arcidiacono Pacifico è lo splendido portale del palazzo Paletta (al n. 6), capolavoro degli scultori di gusto lombardo attivi a Verona a fine '400. Le facce esterne sono ornate da candelabre di delicatissimo intaglio, popolate di tritoni e animali fantastici, sulle spalle interne armi e trofei pendono da teste leonine. La chiave d'arco con stemma e il soprastante balcone sono aggiunte successive.

In prossimità dell'attuale cattedrale, edificio del XII secolo modificato tra '400 e '500, indagini archeologiche hanno riportato

57

Portale di Palazzo Zoppi in via Sant'Egidio

alla luce i resti di chiese costruite fin dal IV secolo in quest'area, periferica rispetto al centro civile e commerciale della città romana. Le fasi più antiche mostrano un rapido superamento degli allineamenti con gli assi stradali romani, meno vincolanti in prossimità dell'Adige, dove si stabilizzò in età romanica il complesso di edifici legati ai due poteri ecclesiastici, spesso in attrito, che gravitavano attorno alla cattedrale: il vescovo, con la sua residenza e la chiesa battesimale di San Giovanni in Fonte a est; il Capitolo dei canonici, con la chiesa di Sant'Elena da essi officiata e lo *scriptorium* (che diede origine alla **Biblioteca Capitolare**) a ovest, verso il sagrato. Tra il fiume e la piazza, in cui campeggia il grande protiro del **Duomo** firmato, come in San Zeno, dallo scultore romanico Nicolò, si trovano gli edifici del chiostro e della biblioteca Capitolare, accessibili rispettivamente dal passaggio voltato a sinistra della facciata del duomo e da quello al n. 13.

A fianco della cattedrale è la chiesetta gotica di San Pietro in Archivolto, riconsacrata nel 1352, con la statua del santo in trono inserita in una edicola sotto la quale si distingue ancora lo stemma scaligero. Dalla zona absidale del Duomo, che conserva i nitidi volumi romanici, si apre una sequenza di spazi irregolari di grande fascino, determinati dall'incontro tra le direttrici della maglia romana e la brusca curva del fiume. Un isolato che ingloba un portico medievale accecato separa la piazza Vescovado, dove affaccia il **Palazzo Vescovile** del XV secolo, dalla piazza Broilo (antico *brolo*, orto del vescovo), dove il massiccio edificio degli Asili Aportiani ha sostituito alla fine dell'Ottocento il gotico palazzo Castellani, che aveva ospitato nel 1822 il congresso della Santa Alleanza.

In angolo col **Ponte Pietra**, si noti la vecchia iscrizione di uno speziale che vendeva «oglio de schorpioni del Matioli perfetissimo», popolare rimedio contro la peste raccomandato dal celebre medico senese Pierandrea Mattioli, morto di peste nel 1577. Di fronte alla torre scaligera che difendeva l'accesso al ponte Pietra, il più antico di Verona, è il palazzo Zignoni, dove un fregio dell'inizio del '600 rappresenta le attività di salumiere e formaggiaio con le quali aveva fatto fortuna il proprietario.

Con la via Cappelletta, che prosegue poi con via Pigna, si torna su un decumano del reticolo stradale romano. Il percorso fino a via Garibaldi è ricco di edifici in cui è ancora leggibile una continuità di trasformazioni dall'XI-XII secolo in poi. All'incrocio con via Santa Felicita si riconoscono i basamenti di tre case-torri di età comunale delimitati da pietre angolari bugnate. Sulle facciate che le hanno inglobate si aprono portali romanici, finestre cuspidate trecentesche, trilobate del '400 e trabeate del '500. In via Santa Felicita la facciata della omonima chiesetta romanica dismessa (al n. 8) è anch'essa

Il portale laterale di Palazzo Franchini in via Sant'Egidio

un palinsesto di differenti epoche, con il portale del '600 sormontato da un oculo trecentesco sotto il quale è traccia di una bifora romanica. Due case di origine medievale con corte esterna hanno interessanti portali del '200 nel muro di cinta su via Pigna : la prima (al n. 17), di fronte alla chiesa romanica di Santa Maria Consolatrice, affaccia sul cortile con un loggiato a due ordini. L'altra (al n.8), con merlatura su strada, conserva una tipica scala esterna del '400 e una vera da pozzo con stemma Guarienti. All'incrocio con via Augusto Verità è la «Pigna», marmo antico che ha dato nome alla via.

Su via Garibaldi prospetta la chiesa di San Pietro in Monastero, anteriore al X secolo, con la facciata del '700, ornata da statue di Lorenzo Muttoni, progettata come fondale prospettico della stretta via prospiciente. Il palazzo Pellegrini del primo '600, di Domenico Curtoni, è popolarmente noto come il «porton senza casa» per il grande portale che incombe su via Rosa (al n. 5). Sulla sinistra, poco prima dell'incrocio con corso Sant'Anastasia, che riconduce in piazza Erbe, una bella lapide romana ricorda i cinquecentomila sesterzi del lascito di Gavia Massima per l'acquedotto.

59

San Giorgio, il Teatro Romano, Castel San Pietro e le mura scaligere

Fino alla costruzione della cinta di Cangrande I della Scala (1325), il borgo alla sinistra dell'Adige tra le chiese di Santo Stefano e San Giorgio era rimasto all'esterno delle strutture difensive che, già in epoca romana, avevano compreso la parte centrale del colle. La porta sulla via Claudia Augusta Padana per Trento, prima situata tra il ponte Pietra e Santo Stefano, con le nuove mura venne spostata da Cangrande oltre la chiesa di San Giorgio.

La porta attuale è quella ricostruita dai veneziani nel 1525, nel quadro della generale revisione delle fortificazioni, che solo dopo il 1530 verrà affidata a Michele Sanmicheli. Nella faccia verso la campagna porta San Giorgio si mostra infatti distante dall'aggiornato classicismo sanmicheliano e impiega ancora motivi lombardeschi, come i tondi inseriti sulle paraste. Nel 1840 gli austriaci, per rafforzarne le difese, demolirono le mura turrite ai lati, ancora quelle scaligere, e verso l'Adige fecero sporgere una lunetta bastionata dotata di un complesso sistema di postazioni d'artiglieria e fucileria, fossati, casematte. La facciata interna bugnata della porta risale anch'essa al 1840.

La chiesa di **San Giorgio in Braida** venne fondata come abazia

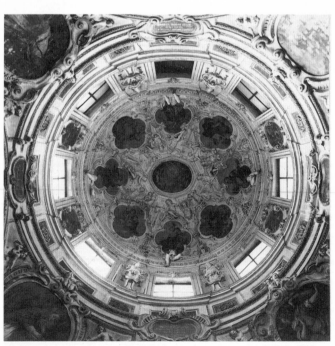

La cupola di San Giorgio in Braida

benedettina nell'XI secolo e ricostruita in forme rinascimentali dai Canonici Secolari di San Giorgio in Alga nella prima metà del '500. Passando tra l'imponente facciata, aggiunta nel '600, e le fortificazioni austriache dal caratteristico paramento in pietra ad opera poligonale, si raggiunge il giardino con passeggiata sull'Adige, dal quale si gode una vista straordinaria.

Sulla riva opposta si ha di fronte la cattedrale, con a destra gli edifici capitolari e a sinistra il complesso del Vescovado, da cui si erge la torre merlata romanica. A valle il fiume piega verso Santo Stefano e il ponte Pietra, ai piedi del colle dove nell'alto medioevo era sorto il *castrum*. Alla fine del '300 i Visconti vi costruirono il Castel San Pietro, che dominò l'altura fino all'Ottocento, quando fu demolito dagli austriaci per erigere l'ingombrante caserma neo-romanica.

Quanto restava del monastero di San Giorgio, dopo le distruzioni ottocentesche, venne ricomposto nel 1938. Il chiostro superstite, ricostruito nell'ala verso la cancellata, è uno dei primi ad impiegare l'ordine ionico a Verona, attorno al 1520. L'ala est, che conserva sotto il portico un portale e due bifore del '300, ha sul retro le arcate murate di un secondo chiostro quattrocentesco distrutto.

La zona tra San Giorgio e Santo Stefano fu profondamente modificata nel 1936, con la demolizione delle case che sorgevano sulla riva del fiume a chiudere la via Sant'Alessio, in uno dei pochi tratti non toccati dalla costruzione degli argini ottocenteschi. La vecchia dimensione della via corrisponde a quella delimitata dalla ringhiera verso il lungadige. All'angolo con via Verza si nota il paramento in pietra squadrata di una casa del XII secolo che impiega come concio angolare un marmo romano. Più avanti è la garbata facciata settecentesca della chiesetta di San Pietro Martire, sorta sul luogo della supposta casa natale del santo domenicano veronese dopo l'acquisto fattone nel 1653 per sottrarla alle «donne di malvagio affare» che l'abitavano. Fortunatamente, assicura uno storico settecentesco, la camera in cui era nato il santo «era rispettata da quelle ree femmine, le quali... avevano bensì l'ardire di peccare nelle altre stanze, ma non in questa».

Al percorso di via Sant'Alessio fa da sfondo la chiesa di **Santo Stefano**, fondata su un'area cimiteriale in epoca paleocristiana e luogo di sepoltura dei vescovi fino all'VIII secolo. La facciata romanica ha una serie di iscrizioni incise ai lati del portale che rievocano avvenimenti storici dal 1195 al 1336, tra cui un passaggio dell'imperatore Federico II con un elefante al seguito, nel 1245. L'adiacente canonica, con portale del XII secolo a conci di pietra, è ornata da un fregio a festoni e figure di santi del tardo '400. La via Fontanelle Santo Stefano, verso la quale è rivolta la parte absidale della chiesa (accesso al n. 1), segna la posizione della cinta difensiva pre-scaligera, che dalla porta qui esistente saliva ad abbracciare il colle.

Dal ponte Pietra, il più antico della città, si ha una buona vista d'insieme dell'area con i resti del **Teatro Romano**, accessibile dal museo Archeologico (Regaste Redentore n. 2). Il Teatro, disposto sul pendio con la scena verso l'Adige, in un sito di eccezionale rilevanza urbana, fiancheggiato dai ponti Pietra a ovest e Postumio a est, era sormontato da una struttura a terrazze e loggiati che formava un grande complesso scenografico e simbolico, coronato da un tempio sulla cima del colle. L'area della cavea e della scena furono liberate a partire dal 1834 dalle costruzioni sovrapposte, risparmiando la chiesetta trecentesca di San Siro e Libera e il massiccio convento dei Gerolimini che ora ospita il museo Archeologico.

Una stretta salita (scalone Castel San Pietro) di fronte al ponte Pietra conduce con rampe successive al piazzale Castel San Pietro. La antichissima chiesa di San Pietro (esistente nel VI secolo), che aveva soppiantato il tempio pagano alla sommità del teatro, nel 1389 era stata compresa nel recinto del castello fatto erigere dai Visconti. Ne seguì così la sorte, quando il castello fu danneggiato dai francesi nel 1801 e demolito nella parte verso la città dagli austriaci nel 1854 per la costruzione della caserma. Tra le strutture trecentesche superstiti è la base di una torre all'estremità ovest, costruita in grandi conci di pietra sbozzata. Su di essa è una terrazza dalla quale si domina un vasto panorama: a sinistra Adige, lungo le mura scaligere che scendono verso porta San Giorgio, spicca la rondella veneziana delle Boccare (1522 c.); sulle colline (da sinistra) i forti austriaci di Santa Sofia, San Leonardo (sul quale sorge ora l'incombente santuario della Madonna di Lourdes) e San Mattia, tra i primi forti staccati (1837-38), che in fasi successive verranno estesi a corona attorno alla piazzaforte di Verona. Dal lato opposto del piazzale il panorama dei colli è chiuso dal versante orientale della cinta di Cangrande.

Dal Castel San Pietro si può intraprendere la interessante passeggiata che costeggia l'interno delle mura scaligere fino a porta Vescovo (30-40 minuti). A questo scopo, aggirando la caserma, si esce dal portale ottocentesco sul retro e si percorre via Castel San Pietro. La strada è all'inizio sovrastata dalle ripide mura del castello visconteo, poi piega a sinistra dopo il bivio con il vicolo Castel San Pietro (che va verso San Giovanni in Valle e riporta in città, percorso alternativo descritto più avanti) e scende fino alla cinta merlata attraversandola con un passaggio ad arco. Al di là del fornice, aperto nel 1934 per collegarsi alla nuova strada che salendo a tornanti aggira il Castel San Felice e il colle, si ha una veduta che abbraccia dall'esterno tutto il versante occidentale della cinta di Cangrande. Tornati all'interno dell'arco, si percorre un breve tratto della via in salita che di lì conduce al complesso di Santa Maria di Nazareth, antica residenza estiva dei vescovi (ora Opera Don Calabria), con la omonima chiesetta trecentesca all'interno. Lasciata la via asfaltata dopo il primo tornante, si imbocca il sentiero che segue le mura.

Nonostante il cattivo stato di conservazione, sono ancora riconoscibili lungo il percorso le caratteristiche salienti della cinta di Cangrande, comuni a gran parte delle fortificazioni scaligere. Il tracciato sfrutta al meglio i dislivelli naturali, accentuandoli al piede esterno delle mura con un ripido taglio della roccia, da cui si ricavava anche buona parte del materiale da costruzione. Le prime ad essere erette erano le torri, voltate alla sommità, con angolature di rinforzo in mattoni disposti a dente di sega, pianta a C aperta verso l'interno per impedire che gli assalitori potessero arroccarvisi. Esse venivano poi collegate con le cortine murarie, che recavano lungo il coronamento merlato i camminamenti in lastroni di pietra, poggiati su una cornice aggettante in mattoni.

Dopo un breve tratto di salita la cinta medievale si muta nel muro, dal tipico paramento austriaco in pietra bianca a taglio poligonale, posto a chiusura del lato posteriore del Castel San Felice, che si estende in direzione opposta (meglio apprezzabile complessivamente dalla strada di circonvallazione esterna). Iniziato dai Visconti nel 1390 e terminato dai veneziani nel 1406, fu rafforzato in epoca asburgica, come indica anche la data 1839 posta sull'ingresso, che si incontra subito al di là di una caponiera sporgente che lo difende. Di qui le mura scendono riprendendo l'aspetto medievale, intervallate dalle torri scaligere, tutte trasformate dagli austriaci in postazioni di fucileria tamponando il lato aperto e modificando un breve tratto di camminamento ai lati. Il sentiero termina in corrispondenza della chiesa di San

63

Il colle di San Pietro

Zeno in Monte, del XIV secolo. Pesantemente restaurata all'inizio del Novecento, fa parte dell'Istituto Don Calabria, i cui progressivi ampliamenti hanno contribuito, anche in tempi recenti, a snaturarne il contesto. Dalla terrazza prospiciente la chiesa si gode una spettacolare veduta della città, alle spalle della chiesa di San Nazaro e Celso e del giardino Giusti. Dopo una torre più elevata, tutta in mattoni, accanto alla quale è l'accesso ad un bastione austriaco con la data 1840, la strada asfaltata scende rapidamente costeggiando le mura fino ad uscirne attraverso un arco, affiancato da una delle poche torri (con volta crollata) non modificate dagli austriaci in questo tratto. Da questo punto in poi le mura scaligere vennero rimpiazzate nel primo '500 dalla cinta bastionata veneziana, a scarpa di mattoni solcata da un toro sporgente in pietra. La struttura è ben apprezzabile se ci si porta all'esterno del passaggio ad arco posto poco più avanti, al fondo di una breve deviazione in discesa. A nord si trova un forte staccato austriaco (1839), a sud la cinta è fiancheggiata dal bastione veneziano di Santa Toscana (più volte trasformato), inserito tra due tratti di paramento rinforzato dagli austriaci. Poco oltre, alle spalle della chiesa di Santa Toscana, si giunge alla porta Vescovo.

Da Castel San Pietro si può imboccare, in alternativa al percorso sopra descritto, quello che per il vicolo Castel San Pietro (a destra al primo bivio) scende nella via ciottolata Fontana di Sopra che, ancora a destra, conduce alla salita Fontana del Ferro e alla chiesa di San Giovanni in Valle. La casa al n. 7 di salita Fontana del Ferro ha un fregio affrescato di notevole qualità, a volute che terminano in figure di centauri e coppieri, alternati a stemmi e a un tondo con busto femminile. Sul fianco si distingue, sotto festoni di frutta, la data 1505. In fondo alla via, voltando a destra, si è subito dinanzi alla facciata della chiesa romanica di **San Giovanni in Valle**, con gli adiacenti edifici canonicali. Seguendo via Borgo Tascherio (probabile percorso della cinta altomedievale) delimitata a sud da antiche mura nelle quali si notano resti di edifici del XII secolo, si giunge alla ex chiesa seicentesca del Redentore e alla piazza Martiri della Libertà, dalla quale sono visibili i muri radiali di sostegno della cavea del Teatro romano.

Scavi recenti condotti dalla Soprintendenza Archeologica hanno messo in luce nel sottosuolo del palazzo al n. 9 di via Redentore i resti di una porta romana in tutto simile alla porta Leoni, qui conservata per la parte basamentale in mattoni di uno dei due torrioni che la fiancheggiavano. La struttura, in origine isolata, priva di mura ai lati, non aveva funzione difensiva ma onoraria, segnando l'accesso alla città per chi proveniva da est. Ancora in epoca romana venne poi inserita in un imponente muro di cinta a grandi blocchi di pietra che si estendeva a racchiudere il colle. Il ritrovamento ha permesso di accertare definitivamente la presenza delle mura romane a sinistra dell'Adige e il loro andamento in questo tratto.

L'Isolo e Veronetta

Con la costruzione degli argini, negli anni 1885-95, il cosiddetto *Isolo di San Tomaso*, una grande isola fluviale formata dalla biforcazione dell'Adige tra Sant'Anastasia e San Fermo, venne saldato alla riva sinistra interrando il ramo minore del fiume che lo delimitava a est. L'Isolo era stato urbanizzato solo alla fine del XII secolo: era ancora disabitato nel 1171, quando il vescovo, che ne aveva il possesso, lo concedeva a un gruppo di cittadini. Tra 1173 e 1185 sorgeva al centro di esso la chiesa dedicata al recente martire Tommaso Becket (†1170), arcivescovo di Canterbury (volgarizzato in *Cantuariense*), e dal 1179 è documentata l'esistenza del ponte Nuovo. Nel 1299 Alberto I della Scala faceva rifare in pietra le pile del ponte, allora in legno, e alzare una torre di difesa sulla riva destra (abbattuta poi nel 1825), analoga a quella del ponte Pietra. Più volte travolto dalle inondazioni, esso venne ricostruito nel 1539 su disegno del Sanmicheli.

Da una piazzola-belvedere sul ponte cinquecentesco, che resistette fino alla tragica piena del 1882, si godeva una classica veduta di Verona verso il Castel San Pietro, accompagnata dalle quinte pittoresche delle case sulle rive, che avevano le fondamenta direttamente nel fiume. Allo sbocco del ponte sull'isola, a sinistra, sorgeva il palazzo Fiorio della Seta, celebrato per le facciate affrescate da Domenico Brusasorci. Alcuni degli affreschi, strappati prima che il palazzo venisse demolito per la costruzione degli argini, si trovano nel Museo degli Affreschi alla Tomba di Giulietta. La chiesa di **San Tomaso Cantuariense**,

65

Porta Vescovo

ricostruita in forme gotiche nel XV secolo dai Carmelitani, che la tenevano dal secondo decennio del '300, affaccia su una piazza aperta nel 1938 demolendo gli edifici verso il fiume, in occasione di un ennesimo rifacimento del ponte, spostato più a valle dell'antico.

Proseguendo a lato della chiesa per via Carducci, si incrocia l'Interrato Acqua Morta. Come indica il nome, si tratta della via sorta sul riempimento del canale che divideva l'Isolo dalla terraferma, detto dell'Acqua Morta per il ristagnare delle acque che il fiume vi immetteva. La modestia degli edifici che ora affacciano sull'Interrato riflette il carattere disomogeneo e casuale dei fronti sul canale, formati dal retro delle case. Voltando a sinistra, al termine di piazza Isolo, slargo che corrisponde all'interramento di un isolotto minore, è la chiesa antichissima di **Santa Maria in Organo**, al cui sagrato si giungeva varcando un ponticello sul canale. Il nome del luogo, da un *Organum* di origine romana, è di incerta interpretazione (forse una macchina idraulica), ma i Benedettini Olivetani cui fu data la chiesa nel XV secolo posero senz'altro un organo a canne nello stemma del monastero, scolpito sulla porta che immette al chiostro del '400 (al n.1/A).

Partendo dalla piazzetta a lato della chiesa, il vicolo Santa Maria in Organo termina in corrispondenza dell'unico breve tratto rimasto a sinistra d'Adige della cinta comunale (XII secolo), che di qui saliva a cingere il colle scendendo poi nuovamente al fiume all'altezza di Santo Stefano. Al di là della porta Organa, la via Seminario è fiancheggiata a sinistra dalla lunga facciata neopalladiana del Seminario Vescovile (1784-89), disegnata dal vicentino Ottone Calderari. Il corpo centrale ha nel soffitto della loggia un movimentato affresco di Marco Marcola raffigurante le costellazioni (1789). Per via Porta Organa, lungo le mura comunali in pietrame, e poi a destra per via giardino Giusti, si giunge al palazzo e **Giardino Giusti** (al n. 2), meta prediletta e fonte di ammirazione per i visitatori che sostavano in città, ai quali venne aperto fin dalla fondazione, alla fine del '500.

Santa Maria in Organo: dossale di Giovanni di Rigino nella cripta

Il Seminario Vescovile

67

La via Muro Padri seguiva il limite degli orti dei Benedettini che dal secolo XI occuparono la chiesa di **San Nazaro e Celso**, fondata prima dell'VIII secolo. Immette nel bel sagrato ovale della chiesa, ricostruita nel '400, un grande portale del 1688 con drappi annodati alle colonne. Sullo sfondo di via San Nazaro, oltre la chiesa di Santa Toscana, nel medioevo dedicata al Santo Sepolcro, è la facciata neo-romanica realizzata dagli austriaci nel 1860 per l'interno di porta Vescovo. Chiamata così per i diritti di esazione che spettavano al vescovo ed aperta già nel secolo XI (col nome di porta Santo Sepolcro) in un tratto di mura isolato a est della città, fu la prima ricostruita dai veneziani nel corso del generale rafforzamento delle fortificazioni seguito alla guerra di Cambrai. La parte originale lombardesca, al centro del fronte esterno (i fornici laterali sono ottocenteschi), è datata 1520.

Tornati alla chiesa di San Nazaro, di fronte alla quale è una casa (al n. 2) con bel portale del tardo '400 a pendenti di armi e trofei, si

Giardino Giusti

imbocca via Gaetano Trezza addentrandosi nel quartiere di Veronetta, tra quelli che più hanno conservato il carattere della città vecchia. In angolo con il vicolo Storto, il lineare prospetto del palazzo Pellegrini (1557) è ornato da un busto con la classica sentenza «Nosce Te Ipsum». La casa Fumanelli (al n. 29), composta da due corpi di fabbrica del '400 adiacenti, aveva la fronte arricchita da una decorazione del primo '500 a punte di diamante con due scene tra le finestre, ora appena distinguibili: *Sacrificio di Isacco*, a sinistra, e *Augusto e la Sibilla* a destra. Quest'ultima era ricordata dal Vasari come opera di Paolo Morando, detto il Cavazzola.

68

La chiesa di Santa Maria del Paradiso, fondata nel '500 dai Serviti Osservanti e trasformata nel '700, ebbe nel 1896 la facciata attuale. Degne di nota, all'interno, statue di Orazio Marinali provenienti da San Francesco di Paola e una *Vergine col Bambino e i santi Girolamo, Rocco e Bernardino* di Antonio Balestra al primo altare a sinistra. Spiccato carattere veneziano ha il singolare palazzo Tommasini (al n. 12), ornato edificio gotico del secondo '400 con bifora al piano nobile affiancata da due angeli in terracotta recanti il monogramma IHS, diffuso da san Bernardino. Voltando a sinistra su via San Vitale, si giunge all'incrocio con via XX Settembre, dove è la chiesa di **San Paolo**, che nella cappella dei Marogna conserva una pala di Paolo Veronese. La famiglia proprietaria della cappella risiedeva nel palazzo in via San Paolo (al n. 16), con il lungo fronte affrescato alla metà del '500 da Nicola Giolfino e Paolo Farinati su una precedente decorazione a finto bugnato, visibile sul lato sinistro, dove è lo stemma con la «marogna» (mucchio di pietre). Al piano nobile sono dipinte cinque scene tratte da Dante e Petrarca, tra fregi orizzontali a monocromo. In alto, in una finta loggia, sono collocati Apollo con le Muse e figure allegoriche.

Il lungadige Porta Vittoria, presso il quale si trovava un animato approdo, era una volta l'unica via in città con un lato aperto verso l'Adige. Per ironia della sorte gli argini ottocenteschi formano in questo tratto uno sbarramento rialzato che altera assai più che altrove l'affaccio al fiume degli edifici. Il palazzo

69

Palazzo Pompei

Lavezzola Pompei di Michele Sanmicheli (dopo il 1536; ora museo di Scienze Naturali), di poco successivo a quelli costruiti per i Canossa e i Bevilacqua, segna il ritorno a un tipo compositivo di grande semplicità e chiarezza. Al bugnato rustico uniforme a piano terra si contrappone l'ordine dorico del piano nobile, e la ripetizione del modulo verticale è appena variata per segnare il centro, con atrio e salone passante superiore secondo il tradizionale schema veneziano.

Il ponte delle Navi, corrispondente a un passaggio sul fiume già esistente in età romana, venne ricostruito in muratura da Cansignorio della Scala nel 1373-75. Il ponte medievale, travolto dalla piena del 1757, era caratterizzato da una torre merlata al centro e da una rampa, la *pontara*, che vi si innestava lateralmente a collegare l'estremità meridionale dell'Isolo, prima dell'ultima arcata verso la riva sinistra, sotto la quale il ramo dell'Acqua Morta rientrava nell'Adige. A valle, sulla riva destra, è l'approdo della settecentesca Dogana di fiume, presso l'antico porto fluviale, e in distanza sulla sinistra la torre scaligera dalla quale veniva tesa la catena che, come quella a monte presso San Zeno, sbarrava il corso dell'Adige.

Verona monumenti

Arche Scaligere e Santa Maria Antica

Santa Maria Antica ha origini alto-medievali, come conferma il rinvenimento nell'abside di un mosaico del secolo VIII. La attuale costruzione romanica, basilicale a tre navate divise da colonne con semplici capitelli squadrati e tre absidi ricavate nello spessore del muro, risale all'inizio del XII secolo. Il campanile, anch'esso romanico, poggia, con soluzione insolita, sull'abside maggiore. Successive trasformazioni barocche furono rimosse dai restauri del secolo scorso, che comportarono ampi rifacimenti.

In epoca scaligera il cimitero venne utilizzato per le sepolture dei Signori, che avevano i loro palazzi nelle immediate vicinanze, dapprima in semplici sarcofagi in pietra con l'insegna della scala e sobri rilievi, poi, dalla morte di Cangrande I, in elaborati monumenti funerari gotici. I sarcofagi più antichi, privi di iscrizioni, erano probabilmente, in un primo tempo, all'interno di un chiostro annesso alla chiesa. È invece all'esterno, sulla porta laterale, che viene posta l'arca di Cangrande I (†1329), in cui la tomba del Signore, morto improvvisamente a Treviso nel pieno delle sue campagne di conquista, è trasformata in un monumento che ne glorifica le gesta eroiche. Come nell'arca di Guglielmo di Castelbarco (†1320), sospesa sul portale d'ingresso del convento di Sant'Anastasia, il defunto è raffigurato disteso sul sarcofago, sostenuto da animali araldici (qui i cani). Sul fronte, ai lati del *Cristo in pietà* tra la *Vergine* e l'*Angelo Annunciante* (aggiunto nell'Ottocento), i rilievi mostrano l'*Assoggettamento delle città della Marca Trevigiana*, in alto, e la loro immagine stilizzata in basso. La copertura piramidale del baldacchino culmina con la *Statua equestre di Cangrande*, scultura tra le più affascinanti del Trecento italiano (sostituita da una copia nel 1910: l'originale è in Castelvecchio).

Il mausoleo che Mastino II (†1351) commissionò, come poi Cansignorio, mentre era in vita, è staccato dalla chiesa e cinto da una cancellata con il motivo della scala, ripresa in seguito a chiudere l'intera area del cimitero, tra pilastrini sormontati da statue allegoriche di *Virtù* (ora ricoverate in Castelvecchio). Sulla faccia laterale del sarcofago, sopra il quale quattro angeli reggi-torcia vegliano il defunto, *L'Eterno tra san Paolo e san Giorgio, che gli presenta Mastino*. Nei timpani del baldacchino, altorilievi dal Genesi, collegati dal motivo dell'albero centrale: *Il peccato originale*, *Il lavoro dei progenitori*, *Caino uccide Abele*, *L'ebbrezza di Noé*. Anche qui la cuspide termina con la statua equestre del Signore in armi (sostituita con una copia nel 1992). L'arca di Cansignorio (†1375), diversamente dalle due precedenti, realizzate da un'anonima bottega veronese, è firmata dallo scultore lombardo Bonino da Campione. L'aspetto di elaborato reliquiario gotico, che la collega all'arca di Mastino, è accentuato dalla fitta selva di edicole, timpani, pinnacoli, disposti attorno al baldacchino a sei lati. Sopra la cancellata, edicole con statue di *Santi guerrieri*; attorno al sarcofago, rilievi con *Scene della vita di Cristo, Cansignorio presentato da san Giorgio alla Vergine*, e *Incoronazione della Vergine*. La cuspide con la statua di Cansignorio a cavallo posa su uno zoccolo con le figure degli *Apostoli*, circondata dai timpani con *Virtù* in nicchie polilobate e da *Angeli porta stemma* in edicole.

Dietro la chiesa è stata posta nel 1831 la bella arca pensile, di tipo veneziano con statue in nicchia, di Giovanni della Scala (†1359), proveniente dalla chiesa soppressa di San Fermo al Ponte.

73

Arena

L'ovale dell'anfiteatro di Verona è orientato secondo gli assi del tracciato urbano tardo repubblicano e sorge all'esterno della cinta che chiudeva la città romana, nella quale venne inserito solo con il nuovo circuito murario di Gallieno (265 d.C.). Costruito nella prima metà del I secolo d.C., appartiene ad un gruppo di edifici simili per caratteristiche ed età che comprende gli anfiteatri di Pola ed Aosta e quelli di Arles e Nîmes, tutti ornati dal solo ordine tuscanico (a differenza del più tardo Colosseo).

La cavea, con una capienza di trentamila persone, è sostenuta da volte inclinate poggiate su setti radiali, alcuni dei quali contengono le scale, attraversati da gallerie anulari concentriche che portano ai quattro livelli di vomitori aperti sulle gradinate. Queste non sono più le originali, sostituite a più riprese nei secoli modificandone la disposizione, mentre la restante struttura ci è pervenuta senza apprezzabili manomissioni. La facciata esterna cadde quasi certamente per i violenti terremoti del 1117 e del 1183, ai quali sopravvissero le quattro campate dell'ala.

Impiegata occasionalmente nel medioevo per giostre, «giudizi di Dio» ed esecuzioni capitali, tutti eventi che si traducevano in spettacoli di massa, l'Arena venne soprattutto utilizzata per il comodo ricovero che potevano offrire le arcate esterne. Queste ospitarono abitazioni, botteghe, magazzini e, dall'età scaligera al 1537, furono la residenza obbligatoria delle prostitute della città. Alla fine del '400, con il risorgere dell'interesse per le antichità, iniziarono gli studi sull'anfiteatro, avvertito come il più nobile monumento veronese, e dal secolo successivo si pose mano a lavori di restauro. L'uso per pubblici festeggiamenti e spettacoli si intensificò nel '700 quando, oltre alle consuete giostre cavalleresche, era molto popolare la «caccia al toro», che veniva fatto combattere contro cani appositamente addestrati. Frequenti erano anche le rappresentazioni in teatrini provvisori allestiti all'interno. Nel 1913 venne inaugurata la prima stagione lirica con l'Aida di Verdi.

74

Biblioteca Capitolare e Museo Canonicale

La Biblioteca Capitolare (piazza Duomo 13), una delle più antiche e celebri biblioteche ecclesiastiche d'Europa, esisteva probabilmente già nel V secolo come *scriptorium*, un centro di trascrizione dei testi annesso alla *Schola sacerdotum*, la corporazione dei Canonici della cattedrale. La raccolta bibliografica è particolarmente importante per la storia della liturgia e del diritto canonico antichi. Tra i codici del V secolo vi è un evangelario con scrittura in oro e argento su pergamena purpurea, un codice di diritto romano riutilizzato in palinsesto per opere di san Girolamo e altri Padri, un codice con il più antico canone della messa. Vi sono inoltre conservati manoscritti miniati dal X secolo in poi. La biblioteca fu attiva fino al '600, quando una tragica circostanza provocò lo smarrimento della parte più antica della raccolta. Rimossa per darle nuova sistemazione, se ne perdettero infatti le tracce per la morte della maggior parte dei canonici nella peste del 1630-31. La sua riscoperta (sopra un armadio) nel 1712 da parte di Scipione Maffei fu un evento memorabile nella storia della cultura veronese. Maffei, inoltre, acquistò opere importanti per la biblioteca, alla quale lasciò anche i suoi libri e le sue carte. La sala di lettura settecentesca è stata ricomposta dopo le distruzioni dell'ultima guerra.

Precedentemente installato in piazza Duomo 19, il museo è in fase di un nuovo allestimento che amplierà notevolmente lo spazio d'esposizione. Comprenderà dei vani delle ale occidentali e settentrionali del chiostro canonicale, attualmente in restauro, dove sarà trasferito l'ingresso. L'inaugurazione del museo è prevista entro fine secolo. La collezione contiene dipinti e sculture, soprattutto di scuola veronese, dal XIII al XIX secolo, e oggetti liturgici di diversa epoca e provenienza. Tra le opere principali, due tavole della *Madonna col Bambino* di Francesco Morone e di Liberale da Verona, un gruppo di tavole della bottega del «Maestro del cespo di garofano» (Antonio Badile), una grande pala di Michele da Verona (già nella cappella Maffei in duomo), il *Ritratto di Scipione Maffei* di Fra' Galgario.

Castelvecchio e Museo Civico di Castelvecchio

Iniziato nel 1354 da Cangrande II quando le fortune degli Scaligeri erano già in declino, fu detto poi *Castelvecchio* per distinguerlo dalle successive fortificazioni viscontee e veneziane. È formato da due parti, divise dal muro della cinta comunale del tardo XII secolo sul lato est della via che porta al ponte. La parte più antica e la meglio conservata, disposta attorno a un piccolo cortile a ovest della via, era il fortilizio con la reggia, comprendente il mastio a difesa del ponte. Nella più ampia corte d'armi sull'altro lato del muro comunale era ospitata la guarnigione. Caratteristico dei castelli scaligeri in tutto il territorio è l'impiego, nella cinta di mura, della torre scudata: completamente aperta verso l'interno, era pavimentata al livello delle feritoie con tavole di legno, che i difensori potevano distruggere prima di doverla abbandonare, lasciandola così vuota ed inutile nelle mani del nemico. Le torri dei ponti levatoi erano invece più massicce e a camera, con porta esterna ed interna, a saracinesca e a battenti.

L'elemento più notevole del castello è il ponte, costruito nel 1375-76 e integrato nel sistema difensivo: in origine non accessibile dalla città, permetteva una via di fuga protetta verso nord. Oggi viene ammirato per l'effetto pittoresco dato dalla asimmetria, dai merli in mattoni, dall'andamento in pendenza, dagli archi ribassati profilati in pietra; in passato era considerato anche un capolavoro di ingegneria, non avendo mai ceduto alle terribili alluvioni che periodicamente distruggevano gli altri ponti di Verona. Scipione Maffei riteneva che l'arco maggiore, 48 metri di luce, fosse ai suoi tempi il più lungo d'Europa.

Con l'occupazione napoleonica venne costruita, nel 1804, una caserma lungo i lati nord ed est della corte d'armi.

Castelvecchio fu restaurato e adattato a museo civico negli anni 1923-26. Di quella sistemazione restano le facciate delle due ali della caserma francese, con portali e finestre provenienti da palazzi demoliti in seguito ai danni subiti nell'alluvione dell'Adige del 1882, posti a dare un aspetto gotico al corpo nord e uno rinascimentale a quello est. Nel salone al primo piano di quest'ultimo si svolse nel 1944 il processo di Verona contro i fascisti dissidenti, che portò alla condanna a morte di Galeazzo Ciano.

L'attuale aspetto del cortile e degli spazi espositivi, progettati tra il 1957 e il 1964 dall'architetto veneziano Carlo Scarpa, è una soluzione esemplare al problema del recupero di un edificio storico da adattare a nuove funzioni. Scarpa diede risalto agli scavi recenti lungo l'antico muro comunale che divide il castello e di questa zona fece il perno dell'itinerario museale, collocando qui a fare da punto focale la statua equestre di Cangrande I della Scala. Passerelle, percorsi e lastricati sono disposti con inventiva per creare interessanti spazi di transizione tra gli edifici.

La raccolta, organizzata in ordine cronologico, comprende soprattutto scultura e pittura veronese dal medioevo al XVIII secolo, proveniente in gran parte da chiese e conventi soppressi dalle leggi napoleoniche e da collezioni private donate alla città nell'Ottocento. Nelle sale a pianterreno, che ospitano la scultura medievale, l'architetto ha valorizzato gli oggetti esposti con la scelta variata di materiali, superfici e gradazioni tonali. Giova all'efficacia dell'allestimento anche la disposizione spaziata e la serena armonia delle geometrie alla Mondrian.

Entrando nella prima sala (**1**), sulla sinistra si apre un piccolo locale che imita l'effetto delle camere funerarie o sacelli altomedievali, con esposti oggetti e preziosi romani, longobardi e cristiani trovati nel territorio veronese. Le sculture sono d'epoca romanica e preromanica. Il pezzo frontale di un ciborio che raffigura *Cristo benedicente tra i santi Pietro e Paolo* proviene dal Duomo di Verona. È firmato da Peregrinus, uno scultore attivo nel XII secolo, e malgrado la tecnica artistica rudimentale, l'iconografia è molto precisa. La figura di Cristo onnipotente ripren-

de una formula bizantina – si pensi ai mosaici absidali nelle chiese bizantine del periodo – e i due santi papali, oltre agli attributi delle chiavi e del libro, sono ben riconoscibili: Pietro con barba corta e folti capelli ricciuti, Paolo più giovane e stempiato.

Di grandissima importanza l'*Arca dei santi Sergio e Bacco,* eseguita nel 1179 da uno scultore sconosciuto per l'abbate di un monastero a Nogara, nella bassa veronese, che probabilmente era venuto in possesso delle loro reliquie. L'eccezionale qualità tecnica e stilistica indica un'artista che aveva dimestichezza con opere tardo antiche. La storia dei due santi cavalieri dell'Asia Minore, martirizzati all'inizio del IV secolo, è svolta con grande capacità narrativa, rispettando le tappe obbligatorie di un *passio* autentico: il rifiuto di adorare falsi dei, il processo davanti al governatore, i santi prigionieri, l'ultimo rifiuto di abiurare la fede e la condanna a morte, i supplizi. Sul lato corto del sarcofago verso il centro della stanza i santi intercedono per l'abbate inginocchiato davanti a Cristo.

Nella stanza successiva (**2**) vi sono solenni statue trecentesche di santi, alcune quasi al naturale. Scolpite in pietra tenera, portano ancora tracce della policromia originale. Chiaramente eseguite da mani diverse, sono attribuite alla scuola del «Maestro di Sant'Anastasia», per la somiglianza stilistica con i rilievi sull'architrave del portale della chiesa. Questa bottega (o botteghe) fu attiva a Verona durante tutto il '300 (coincise con la signoria scaligera), ma nulla si conosce di certo sull'identità dei singoli artisti. Si ignora anche come le statue erano collocate nei loro ambienti originari, sebbene provengano presumibilmente da chiese dedicate a santi omonimi. *Santa Caterina*, principessa d'Alessandria, è la più fine: tiene in mano un libro, simbolo della sua dotta difesa della dottrina cristiana, la ruota

78

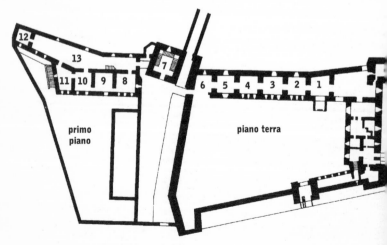

Percorso museale. Piano inferiore

e la palma del martirio. Le altre statue nella stanza sono *Santa Marta*, vestita di rosso, un elegante figura di *Profeta* con rotolo in mano, *Santa Cecilia,* protettrice dei musicisti, con un piccolo organo, e un rozzo *San Giovanni Battista*. Molto riuscito l'allestimento di Carlo Scarpa, che valorizza la naturalezza delle figure sistemandole su basse piattaforme.

La terza stanza (**3**) contiene altre sculture trecentesche della scuola del Maestro di Sant'Anastasia, di dimensioni più piccole. Molto raffinata nell'esecuzione dei dettagli la statua di *Santa Libera*.

Nella quarta sala (**4**) sono esposti alcuni elementi da due gruppi scultorei diversi, sempre del '300. Pur ricalcando lo stile popolare del Maestro di Sant'Anastasia, sono più espressivi, e indicano uno sviluppo tardogotico e un'influsso trasalpino. Lo *Svenimento della Vergine* faceva parte di una Crocifissione con almeno cinque figure. La *Crocifissione con la Vergine e san Giovanni,* su supporti progettati da Carlo Scarpa, stava all'inizio di questo secolo in un'edicola all'aperto dell'Ospedale dei santi Giacomo e Lazzaro alla Tomba, dove ora sorge il Policlinico di Borgo Roma. Sia la provenienza che la disposizione originale degli elementi sono incerte, ma l'esasperata distorsione della figura di Cristo e l'espressione di tormento suggeriscono un ambiente ospedaliero. La grande, dignitosa figura nell'angolo opposto è l'apostolo *San Bartolomeo*.

79

L'ultima sala della galleria (**5**) contiene sculture varie, prevalentemente rilievi della prima metà del '400. Un'apertura nel pavimento consente di vedere i resti di un muro romano scoperto durante gli scavi del 1958-64. Nel centro della stanza, bella statua di *San Pietro* come prototipo di Papa. L'altorilievo *San Martino che divide il mantello con un povero,* 1436, era collocato sopra il portale della chiesa di San Martino a Avesa. L'interpretazione cortese della figura del santo richiama modelli pisanelliani di pochi anni prima. I sei pannelli in bassorilievo raffiguranti *Profeti e patriarchi* fiancheggiavano il portale della chiesa di San Bovo.

Molto interessanti i due *Tabernacoli a muro*. Quello scolpito in stile gotico fiorito sembra provenire da un convento francescano femminile, per l'emblema IHS raggiante di San Bernardino e le figure di due monache. L'altro è in stile rinascimentale con motivi *all'antica*: il simbolo eucaristico è il pellicano, che secondo la leggenda si squarciava il petto per nutrire i suoi piccoli. Fino all'epoca della Controriforma i tabernacoli erano murati in prossimità dell'altare. Fu proprio il vescovo di Verona, Gian Matteo Giberti (1524-43), a introdurre l'uso del tabernacolo, in forma di edicola chiusa, fisso al centro dell'altare. Prima di uscire si nota il bel cancello di acciaio intrecciato.

Uscendo, si passa accanto alla *campana* proveniente dalla torre del Gardello in Piazza Erbe, fusa nel 1370 e firmata dal maestro Jacopo, che l'ha decorata in bassorilievo con la scala degli Scaligeri e una simpaticissima figura di san Zeno pescatore. Si attraversa la porta del Morbio del tardo XII secolo (**6**), riscoperta negli scavi del 1960, per passare nel cortile della reggia ed entrare nel mastio (**7**). Qui sono esposte altre campane e un *capitello* trecentesco, proveniente da piazza Bra, raffigurante la Vergine e santi.

Il primo piano della residenza scaligera conserva ancora parte delle decorazioni originali, fra cui un affresco votivo con la *Vergine e il Bambino, santi e personaggi della famiglia scaligera* (sopra l'ingresso della prima sala), motivi geometrici e stemmi. Questo piano ospita la pittura medievale. Una vetrina nella sala (**8**) contiene la spada rinvenuta nella tomba di Cangrande I († 1329), una fibbia ingemmata e preziosi elementi decorativi di una cintura, forse parte di un tesoro scaligero. Fra gli affreschi, una *Scena di Battaglia*, frammento di un ciclo trecentesco che decorava il salone del palazzo scaligero in piazza dei Signori. Nella sala seguente (**9**), un affresco in forma di lunetta raffigura *l'Incoronazione della Vergine*, staccato con le sinopie dalla facciata di San Fermo; era l'immagine votiva sotto l'archivolto della tomba di Aventino Fracastoro († 1385), ancora in sito.

Nella sala (**10**) vi sono opere trecentesche su tavola, tra le quali due dossali d'altare, uno con la *Vergine e santi*, l'altro con *Storie Bibliche*, e un piccolo trittico portatile con la *Crocifissione* per devozioni private. La piccola tavola con una *Monaca accompagnata dai santi Giacomo e Antonio di Padova che tiene in mano un reliquario* (che probabilmente dona al Bambino e alla Vergine, raffigurati in una seconda tavola che ora manca) è di Tommaso da Modena. Due belli ed importanti polittici del '300 sono ancora conservati nelle cornici gotiche originali. La *Trinità con l'Incoronazione della Vergine e i santi Zeno, Giovanni Battista, Pietro e Paolo* è datato 1360 e firmato da Turone da Camnago, principale pittore veronese del suo tempo. Era sull'altare maggiore della chiesa della Santa Trinità ed è la pittura più raffinata della scuola veronese del periodo. Il *Polittico di Boi*, con una cornice del gotico fiorito, proviene dalla cappella di una villa vicino a Caprino Veronese ed è attribuito alla cerchia di Altichiero, 1390 circa.

Nella sala (**11**), che conserva quasi tutta l'originaria decorazione murale, vi sono pitture su tavola della prima metà del '400. Il naturalismo del *San Girolamo* di Jacopo Bellini contrasta con l'eleganza cortese di due celebri esempi del gotico Internazionale, la *Madonna della quaglia*, attribuita a Pisanello, e la *Madonna del roseto*, di Stefano da Verona. Dove Pisanello suggerisce l'ambiente di un giardino, Stefano ci dà una visione dall'alto del paradiso terrestre abitato dalla Vergine, qui in compagnia di santa Caterina e di tanti angeli vispi: l'*hortus conclusus* del *Cantico dei Cantici*, con la fontana, le rose, il campo fiorito, interpretati nel Medioevo come simboli della Vergine. La piccola sala in fondo al salone maggiore (**12**) accoglie opere fiamminghe, comprendenti un *Ritratto di dama*, attribuito a Peter Paul

Rubens (1602) e una *Crocifissione* della scuola di Lucas van Leyden. Nel salone (**13**) si trovano quattro statue, probabilmente *Virtù*, dal recinto delle Arche Scaligere, in elegante stile lombardo del '300. Seguono grandi tele di due dei maggiori pittori veneziani della prima metà del XV secolo: un austero e naturalistico *Crocifisso* di Jacopo Bellini, proveniente dal Duomo di Verona, e la *Dormizione della Vergine* di Michele Giambono. Al centro del salone, la grande statua di *San Giovanni Battista*, sempre della scuola del Maestro di sant'Anastasia, e due croci stazionali, un genere che ebbe la massima diffusione tra il XIII e il XIV secolo. Lungo le parete sono varie pale d'altare, e frammenti, eseguite da membri della famiglia Badile, che ebbe un ruolo importante nella pittura locale per circa due secoli, a partire dal tardo '300. Di particolare interesse, il polittico dell'Aquila con la *Vergine col Bambino e un donatore e i santi Antonio abbate, Giorgio, Giacomo, Pietro martire, Nicola da Bari e Mammaso,* di Giovanni Badile e, dello stesso pittore, la curiosa pala raffigurante la *Vergine gravida e i santi Giorgio e Martino*, commissionata dalla badessa del convento di San Martino di Avesa, datata 1428. Tra le opere di Antonio Badile, già identificato come «Maestro del cespo di garofano», un trittico in cornice rinascimentale databile alla seconda metà del XV secolo, la *Vergine col Bambino e donatore e le sante Maria Consolatrice e Caterina*. I pannelli della predella narrano la leggenda del recupero delle reliquie dei santi martiri veronesi Fermo e Rustico nel VIII secolo, a opera del vescovo Annone che mandò sua sorella Maria in Istria a riscattarle.

81

Al piano superiore sono esposti dipinti del tardo '400-primo '500. Seguendo lo stesso percorso del piano inferiore, nella prima sala (**14**) sono opere di noti artisti veneti e veneziani, fra i quali Alvise Vivarini, Vittore Carpaccio, Giovanni Bellini. La composizione a mezza figura della *Vergine col Bambino* è un soggetto intimo dedicato alle devozioni private. Fu replicata numerose volte da Giovanni Bellini, senza ripetersi; il Museo ne conserva due esemplari, uno autografo, l'altro di bottega. Molto bella anche la *Vergine col Bambino e san Girolamo* di Giovanni Mansueti. La tavola con *San Biagio e un santo vescovo* è un frammento della pala eseguita nel primo '500 dal vicentino Bartolomeo Montagna per l'altar maggiore della chiesa dei Santi Nazaro e Celso.

Nella sala successiva (**15**), grande pala della *Trinità* e molte piccole tavole, tra cui *San Bartolomeo* e *San Francesco*, di Francesco Morone, figlio di Domenico. Come il padre, autore del celebre ciclo di affreschi nell'antica biblioteca di San Bernardino, eseguì alcune delle sue opere maggiori per questo convento francescano. La sala seguente (**16**) contiene opere di Francesco Bonsignori, pittore veronese che svolse la carriera alla corte dei Gonzaga a Mantova. La grande pala raffigurante la *Vergine col Bambino e i santi Onofrio, Girolamo, Cristoforo e Zeno*, del 1484, proviene dall'altare Bovo in San Fermo. Da notare la plasticità e il realismo delle figure, evidenti pure nella bellissima tavola mantegnesca della *Vergine che adora il Bambino*. Rispetto alla serenità e alla raffinatezza delle immagini simili di Giovanni Bellini, questo dipinto di Bonsignori ha un'effetto immediato e concreto, realizzato con la plasticità delle forme, il forte colore rosso del mantello della Vergine contro lo sfondo nero, la figura del bambino visto di scorcio.

La sala (**17**) è dedicata a Liberale da Verona, il cui pannello di cassone con i piccoli inserti, *Trionfo della castità* e *Trionfo dell'amore* mostra le doti di miniaturista per le quali era famoso. Nella piccola sala in fondo al salone (**18**), *Sacra Famiglia e una santa*, opera tarda (1500 circa) e purtroppo non in ottimo stato di conservazione, di Andrea Mantegna; una piccola e graziosa *Madonna del ventaglio* di Francesco Benaglio e una squisita *Vergine col Bambino e simboli della Passione*, di Carlo Crivelli.

Domina il salone (**19**) una serie di affreschi di Domenico Morone e Nicola Giolfino; di Giolfino sono anche due tavole con *Ulisse che scopre Achille tra le figlie di Licomede* e *Storia di santa Barbara*, eseguite con la fantasia narrativa per la quale l'artista è particolarmente noto. *Augusto e la Sibilla* di Giovanni Maria Falconetto, raro esempio di pittura su tavola di un artista specializzato nel dipingere affreschi e attivo come architetto, dimostra il suo consueto interesse per elementi decorativi *all'antica*.

82

Seguendo la passerella (**20**), ove sono esposti oggetti rinvenuti in tombe longobarde del territorio veronese, il percorso torna nell'altro edificio. Si attraversa la torre del mastio (**21**), che ospita la raccolta d'armi e un bel ritratto di *Pase Guariente* raffigurato in armatura completa, datato 1556 e attribuito a Battista del Moro, si passa dinanzi alla statua equestre di *Cangrande I della Scala* († 1329), originariamente collocata sulla sua tomba sopra il portale di Santa Maria Antica. Da ammirare la geniale sistemazione della statua, progettata da Carlo Scarpa.

Le prime due stanze della caserma napoleonica sono destinate alla pittura veronese della prima metà del '500. A iniziare dalla (**22**), vi sono dei grandi capolavori di Paolo Morando (detto Il Cavazzola), rimossi da San Bernardino in seguito al degrado iniziato con l'occupazione napoleonica e dove ora sono sostituiti da copie. La stupenda Pala da Sacco del 1522, dipinto nell'anno della morte dell'artista, era sull'altare della cappella dei Terziari francescani. Raffigura la *Vergine col Bambino e i santi Francesco e Antonio di Padova e le virtù teologali e cardinali*, in alto, e, sotto, *i santi francescani Elisabetta d'Ungheria, Bonaventura, Luigi re di Francia, Ivo, Ludovico di Tolosa e Eleazaro*. In basso, la donatrice Caterina da Sacco. A parte l'estrema bellezza dei colori, del paesaggio, dei raffinati lineamenti dei personaggi, l'artista ha creato un'atmosfera suggestiva di sentimento, contemplazione e serenità – un'eccezionale esempio di *sacra conversazione*, con i santi raggruppati attorno alla Vergine e Bambino a condividere l'atmosfera raccolta e contem-

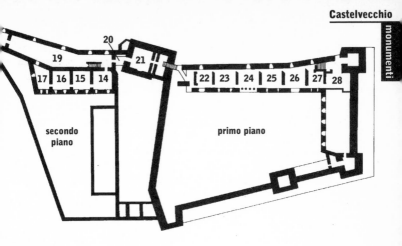

Percorso museale. Piano superiore

plare il mistero dell'Incarnazione. Le cinque tele sulla parete di fronte raffiguranti la *Passione di Cristo* provengono dalla capella Avanzi di San Bernardino, dove erano disposte attorno a una Crocifissione di Francesco Morone. L'interpretazione riflette bene la cultura umanistica rinascimentale, nella perfezione classica della figura di Cristo che trascende il tormento e negli atteggiamenti controllati delle figure nella *Lamentazione.* Nel paesaggio, uno sguardo verso le colline di Veronetta e Castel San Pietro. Uscendo, si nota l'originale *Bambino con in mano un disegno* di Francesco Caroto, rarissima rappresentazione d'infanzia quotidiana.

Nella sala seguente (**23**), pale di Girolamo dai Libri. La *Madonna del coniglio,* dalla chiesa di Santa Maria in Organo, è una Natività all'aperto e di giorno, in vena famigliare e intima, il che spiega la simpatia che l'opera ha sempre suscitato. Lo stile ancora mantegnesco di quest'opera giovanile scompare nelle altre pale presenti: la *Vergine col Bambino e i santi Andrea e Pietro,* con in fondo il Battesimo di Cristo; la bellissima *Vergine col Bambino, san Giuseppe, l'arcangelo Raffaello e Tobia,* datata 1530, nella quale il pittore, famoso miniatore, riesce a dipingere su grande scala senza sacrificare i meravigliosi dettagli. Molto interessante il ritratto, opera del bresciano Moretto, di *Girolamo Savonarola,* che tiene in mano la palma del martirio con un'iscrizione che giustifica l'opera del frate domenicano.

La sala succesiva (**24**) è dedicata a Paolo Caliari, detto Veronese e a Jacopo Robusti, detto Tintoretto. Nella *Natività,* del 1544 circa, Tintoretto ha creato una scena notturna drammatica, impiegando diagonali, forte chiaroscuro e figure in pose instabili. Molto efficacemente i gesti dei due giovani pastori appena comparsi comunicano l'incipiente comprensione dell'avvenimento. Veronese ha cercato di fare una cosa simile nella *Pala Bevilacqua-Lazise,* del 1548, un'importante opera giovanile, per dare movi-

83

mento e asimmetria ad un tipo di composizione solitamente statica. Pure di Veronese, tre piccole, deliziose scene tratte dalla *Storia di Ester* e una *Deposizione nel Sepolcro*. Sulla parete del corridoio, un'affresco staccato dalle decorazioni murali della villa Foscari, «Malcontenta», a Mira, dell'architetto Andrea Palladio. Dipinto da Giambattista Zelotti, raffigura due coppie assistite da Amore che eseguono un madrigale in un giardino. Vari pittori locali del secondo '500, incluso Paolo Veronese, erano abilissimi decoratori di ville, richiesti in tutto il Veneto.

Nella quarta sala (**25**), dipinti del tardo '500 e del primo '600, con bei ritratti virili di Orlando Flacco e Palma il Giovane e alcune opere giovanili di due tra i maggiori artisti veronesi del periodo: la *Circoncisione* di Claudio Ridolfi; la *Flagellazione* e l'*Adorazione dei Magi* di Alessandro Turchi; il manieristico *Ecce Homo* di Paolo Farinati, del 1562; l'*Assunzione della Vergine* di Pasquale Ottino.

Il '600 è ben rappresentato nelle due sale successive. Nella quinta (**26**), *Sacra Famiglia con i santi Anna e Gioacchino*, 1616 circa, uno dei migliori dipinti del caravaggesco Pietro Bernardi, un *Ritratto virile* di Bernardo Strozzi e varie opere di Marcantonio Bassetti, tra cui una grande e drammatica *Incredulità di san Tommaso*. Nella stessa sala sono esposti piccoli, curiosi dipinti su pietra nera lucida («pietre di paragone»), che sembra fossero una specialità locale, come quelli su rame dei fiamminghi negli stessi anni a cavallo del '500-'600. L'intenzione era di creare una scena notturna suggestiva, di mistero spirituale, con l'utilizzo di un chiaroscuro assoluto. La sesta sala (**27**) contiene una grande *Flagellazione* del veronese Alessandro Turchi e opere di pittori seicenteschi non veronesi: la *Fuga in Egitto* e *Giuditta* di Pietro Ricchi, l'*Ingaggio del soldato* di Pietro Vecchia, *Cristo e l'adultera* dello Spadarino, *Giove e Semele* di Luca Ferrari, la *Cacciata dal Paradiso* di Bernardo Strozzi.

L'ultima sala (**28**) è dedicata al '700. Fra le opere di artisti veneziani, un soggetto dal secondo libro dei Maccabei, *Eliodoro nel tempio di Gerusalemme*, 1724 circa, di Giambattista Tiepolo; *Davide davanti a Saul*, 1684 circa, di Sebastiano Ricci; *Santi olivetani* di Giandomenico Tiepolo; un *Capriccio* e una *Veduta ideale* di Francesco Guardi; una *Famiglia che prende il caffè*, di Pietro Longhi. Di artisti non veneti, due grandi, appariscenti mitologie di Luca Giordano, *Bacco e Arianna* e *Diana e Endimione*; una bella *Adorazione dei pastori* di Federico Bencovich; e uno dei capolavori del bolognese Giuseppe Dal Sole, *Giuditta che si presenta a Oloferne*, 1697, un'interpretazione interessante che si astiene da quella consueta e brutale. La scuola veronese è rappresentata da opere di Antonio Balestra, Giambettino Cignaroli, Antonio Calza e Simone Brentana. Altre tele dal '500 al '700, di grandi dimensioni, sono esposte nella ex chiesa di San Francesco al Corso alla Tomba di Giulietta.

Cimitero Monumentale

La vicenda della realizzazione di un pubblico cimitero prese avvio per Verona, come per le altre città del dominio napoleonico, dai decreti che vietavano la pratica secolare di seppellire i morti nelle chiese. Nel 1804 la Municipalità veronese deliberava la realizzazione di un cimitero fuori dell'abitato, ma l'urgenza del momento spingeva ad avvalersi di strutture già esistenti: dapprima l'area presso la chiesa della Santa Trinità dove nel '700 i soldati veneti caduti erano interrati in fosse comuni, poi dal 1806 i chiostri di San Bernardino. In applicazione dei principi rivoluzionari di ugualitarismo e indifferenza per le sorti del corpo, le sepolture avrebbero dovuto essere collettive, precluse alla pietà dei vivi e sottratte alle cure della Chiesa. Nel 1817 veniva incaricato di progettare il nuovo cimitero Giuseppe Barbieri (1777-1838), professionista e ingegnere municipale,

85

Tomba Erbisti-Smania di Ugo Zannoni (1880)

mentre i numerosi tentativi di individuare un luogo adatto alla nuova costruzione si risolvevano nel 1820 con la scelta dell'area prospiciente la porta Vittoria, lungo l'Adige. Qui il Barbieri realizzava a partire dal 1828 un recinto quadrilatero in cui la chiarezza di impianto e la forte connotazione urbanistica, in diretto rapporto con il centro della città, rivelano le non sopite suggestioni dell'architettura utopistica giacobina, cui si addice anche la severità dell'ordine dorico greco prescelto per l'avancorpo di ingresso e per i porticati interni. Legata invece al clima di restaurazione dell'ordine e delle gerarchie sociali imposto dalla dominazione austriaca è l'organizzazione funzionale, dove le aree scoperte delimitate dai percorsi assiali sono destinate alle sepolture, nella nuda terra, dei meno abbienti, le due anse laterali accolgono le sepolture dei militari e dei bambini, mentre le tombe delle famiglie più cospicue sono previste sotto le ali porticate, divise in due gallerie da un setto murario centrale. Nelle campate dei portici trovano così nuovamente posto i monumenti funerari personali e familiari, che la legislazione napoleonica aveva cercato di eliminare. Dopo la morte del Barbieri nel 1838 il cimitero fu compiuto da Francesco Ronzani, e l'apparato scultoreo, tra cui le figure velate nel prospetto dell'ingresso, venne in buona parte eseguito alla fine del XIX secolo da Attilio e Carlo Spazzi. Sono degne di nota alcune sculture sepolcrali del tardo Ottocento, tra cui: l'eclettico monumento Dolci (1895), di Ettore Ferrari, al n. XCIX, con il rilievo di un enfatico corteo di fanciulle dolenti che discende verso l'urna della defunta dalla scala di una loggia gotica in prospettiva, in alto una decorazione a finto mosaico paleocristiano con angeli; tomba Bertani, dei fratelli Spazzi, al n. XCVIII, dominata da un Cristo risorto in marmo bianco che discende tra i morti, sormontato da una gloria d'angeli in bronzo; tomba Erbisti (1880), di Ugo Zannoni, al n. CVIII, con i figli che attorniano la madre morente; ancora di Ettore Ferrari, il monumento Lugo (1898), al n. CXXXV, in cui una dolente in marmo bianco si adagia sul sepolcro, drappeggiato in bronzo, sormontato da un angelo che reca un ramo d'ulivo; la tomba Poggi, di D. Barcaglia (1890), con il gruppo allegorico della *Fortuna che premia l'operosità* (motto: *Non fortuna sed labor*).

86

Dogana di San Fermo

Il sistema doganale di Verona, che controllava per conto della Serenissima le merci provenienti per via d'Adige dal Tirolo e da Venezia, aveva nella zona prossima al porto di ponte Navi uno dei nodi principali. Nell'intento di razionalizzare il traffico e di dare spazio alle attività dei mercanti, che dovevano smistare le merci sotto controllo daziario, la città ottenne da Venezia nel 1744 l'autorizzazione ad erigere una nuova Dogana, sia pure a proprie spese, e ne affidò il progetto al conte Alessandro Pompei.

L'architetto, che aveva collaborato con Scipione Maffei per la realizzazione del Museo Lapidario, dispose attorno ad un grande cortile rettangolare un loggiato a due ordini di colonne tuscaniche, sul quale affacciavano i «camerini dei mercanti», terminato sul fondo da un portico ad ordine gigante per il deposito delle merci. Firmato dal Pompei sulla colonna d'angolo verso l'ingresso, l'edificio venne inaugurato nel 1748, precoce affermazione del neoclassicismo in veneto. La prevista costruzione di un nuovo molo funzionale alle esigenze doganali, la Dogana di fiume, vide la luce solo nel 1792. La difficoltà di acquisire le case private di fronte all'ingresso carraio della Dogana di terra obbligò a spostare più a monte l'approdo con l'edificio della Dogana di fiume e a riprogettare unitariamente la piazzetta e le facciate che la contornano. L'insieme, con i portali bugnati di accesso che immettevano nell'area di controllo daziario e il molo ancora esistente, al di là della Dogana di fiume scoperchiata dai bombardamenti dell'ultima guerra, costituisce una sistemazione urbanistica settecentesca di grande interesse.

Duomo, Chiostro Capitolare, Sant'Elena, San Giovanni in Fonte

Nel sito occupato dalla cattedrale e dagli edifici ecclesiastici adiacenti è stata accertata una continuità di insediamenti cristiani a partire dal IV secolo. Gli scavi degli anni sessanta hanno identificato tre distinte basiliche, costruite in periodi successivi, precedenti la rifondazione romanica della chiesa presente. La disposizione attuale degli edifici nel complesso della cattedrale, con il battistero, la chiesa dei Canonici ed il palazzo vescovile, sembra si sia definita in epoca carolingia (IX secolo), anche se fu attuata una ricostruzione completa dopo il terremoto del 1117.

Un passaggio a sinistra del Duomo conduce a Sant'Elena (**11**) e al chiostro dei Canonici. Sant'Elena, in origine dedicata a san Giorgio, fu consacrata nell'813 come chiesa dei Canonici della cattedrale. Ora racchiude un'area archeologica nella quale è stata

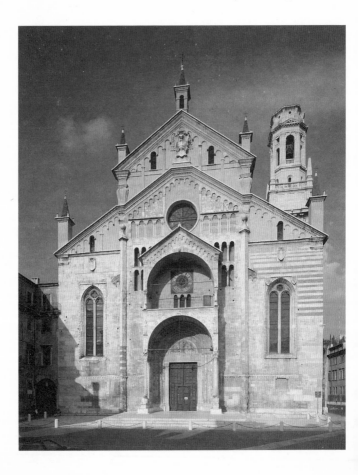

messa in luce la prima basilica paleocristiana. Questa, lunga 38 metri, con nartece, tre navate divise da colonne, abside e pavimento a mosaico, era probabilmente la chiesa che nella seconda metà del IV secolo san Zeno, ottavo vescovo di Verona, definiva troppo angusta per le necessità di un crescente numero di fedeli. Attorno all'ingresso del romanico chiostro dei Canonici, sono esposti gli scavi della seconda basilica, una enorme chiesa del V secolo, tre volte più grande della prima, che va dal sottosuolo della biblioteca Capitolare (oltre il lato ovest del portico) fino a sovrapporsi alla prima basilica sotto Sant'Elena. Tra i resti messi in luce vi è una vasta zona del mosaico pavimentale con iscrizioni che ricordano i vari donatori, come: «Stercorius e Decenta con famiglia offrirono 300 piedi». Si sa invece molto poco della terza basilica di età carolingia (VIII-IX secolo), sostituita dalla costruzione romanica. È comunque a quel periodo che risale la prima notizia di una intitolazione del duomo a santa Maria Matricolare (Madre di Dio).

La coerenza costruttiva e stilistica delle parti superstiti del duomo romanico fa pensare a un periodo relativamente breve per il suo completamento, tra il terremoto del 1117 e il 1140 circa, quando lo scultore Nicolò eseguì il protiro in facciata. La decisione quattrocentesca di aumentare l'altezza delle navate ha alterato il carattere romanico della facciata e del fianco sud. L'intervento tardo-gotico è ben visibile nella parte superiore della facciata: sopraelevazione del settore centrale, dove appare lo stemma del vescovo che terminò i lavori nel '500, cardinale Agostino Valier; aggiunta del finestrone circolare; innalzamento degli spioventi delle navate laterali, in corrispondenza delle quali vennero aperte due grandi bifore gotiche.

Il protiro e il portale sono tra le ultime opere di Nicolò, il maggior scultore-architetto attivo nella pianura padana nella prima metà del XII secolo, che aveva già lavorato per San Zeno e per le cattedrali di Ferrara, Piacenza e Parma. La zona inferiore, arricchita dalla policromia dei marmi rossi, grigi e bianchi, e quella superiore, interamente in pietra tenera, sono riccamente decorate da motivi floreali, geometrici e zoomorfi. Gli archi sovrapposti sono sostenuti da colonne su grifoni stilofori (altre colonne furono aggiunte nel '400 per rinforzo). I rilievi scultorei del portale comprendono *Le tre virtù teologali*, sull'architrave; la *Vergine e il Bambino in trono con l'Annuncio ai Pastori e l'Adorazione dei Magi*, nella lunetta; *Profeti* con cartigli nella strombatura e due *Paladini di Carlomagno* (dalle *Chansons de Geste*) sulle paraste esterne. Sotto la volta sono i *Simboli dei quattro Evangelisti* e, sul fronte, i santi *Giovanni Battista* e *Giovanni Evangelista*. Sopra questi ultimi, lungo la cornice che termina il livello inferiore, si legge la firma di Nicolò, molto simile a quella sul protiro di San Zeno.

Dal fianco destro della chiesa sporgono le pareti curve delle cappelle laterali aggiunte nel '400. Il protiro laterale romanico, di un maestro provinciale, risale a una fase precedente l'arrivo di Nicolò. Particolarmente vivaci sono i rilievi sugli architravi che sostengono il padiglione: a destra un cane che morde un leone sul retro, a sinistra *Giona inghiottito dal mostro marino*. Il campanile è ancora incompleto (manca della cuspide) benché innalzato a più riprese, con una base romanica, la parte intermedia cinquecentesca (dal Vasari attribuita a Sanmicheli) e quella sommitale progettata da Ettore Fagiuoli negli anni 1913-1927. La zona posteriore della cattedrale conserva ancora l'assetto romanico. L'abside, particolarmente elegante e proporzionato, è scandito da slanciate lesene con capitelli corinzi e fregi finemente intagliati a figure animali in tralci vegetali.

Si iniziò a trasformare l'interno romanico in forme gotiche nel 1444, sulla base di un progetto steso cinquant'anni prima, all'e-

Duomo: tornacoro

poca in cui si ricostruivano in stile gotico molte cattedrali italiane. I lavori si protrassero fino al 1503 e comportarono un innalzamento delle navate, l'introduzione di elementi gotici quali pilastri a fascio, archi acuti e volte costolate, nonché la realizzazione delle cappelle laterali. Secondo cronache del tempo, si intendeva ispirarsi al duomo di Milano, e in effetti i pilastri composti assomigliano molto a quelli di Milano, mentre per il resto vi è ben poco in comune con quel duomo, basato su modelli francesi e tedeschi.

Otto pilastri dividono l'interno in tre navate di cinque grandi campate. L'effetto spaziale che ne risulta è quasi

Duomo: Cappella Emilei

quello di un'unica ampia aula, che permette la vista senza ostacoli delle cappelle laterali e della decorazione sulle pareti. Le cappelle appartenevano ai canonici della cattedrale, provenienti da importanti famiglie veronesi. Le prime tre su ciascun lato furono erette e decorate tra il 1465 e il 1503 mantenendo una notevole uniformità di forma e decorazione. Il motivo base dell'arcone che contorna una nicchia poco profonda, inquadrato da una finta architettura affrescata sulla parete, si collega alle cappelle assai simili e coeve in Sant'Anastasia, suggerendo influenze reciproche. Il tipico motivo delle pitture murali è quello di un elaborato arco trionfale con figure in nicchie.

La pala della prima cappella a sinistra (**1**) è un'*Assunzione della Vergine* dipinta da Tiziano nel 1532-34, la sua sola opera per una chiesa veronese. L'atmosfera è qui molto più raccolta che nella grandiosa e drammatica *Assunzione* di Tiziano per la chiesa dei Frari a Venezia. L'altare era stato acquistato dagli eredi di Galesio Nichesola, un canonico della cattedrale che divenne vescovo di Belluno e la cui tomba è sulla parete a sinistra. La tomba e l'incorniciatura dell'altare sono di Jacopo Sansovino (1530-32 circa).

Lungo la navata destra, gli affreschi della seconda cappella (**2**) sono firmati e datati da Giovanni Maria Falconetto, specialista in decorazioni architettoniche ispirate all'antico. A lui è attribuita anche la terza cappella. Sul secondo altare, *Adorazione dei Magi*, notevole opera di Liberale da Verona, con figure di santi e una *Deposizione* di Nicola Giolfino. Il terzo altare (**3**) contiene una *Trasfigurazione* di Giambettino Cignaroli.

I prospetti delle cappelle dedicate alla Madonna del Popolo (**4**) e al Santissimo Sacramento (**5**), che si fronteggiano nella quarta campata delle navate laterali, furono rifatti nel 1510-12 con uguali, imponenti timpani e pilastri, mantenendo così la simmetria nell'architettura delle cappelle. Gli interni furono ricostruiti nel '700 in identiche forme barocche.

Sulla parete destra, dopo l'organo, è stata posta la *Lastra tombale di papa Lucio III* (**6**), morto nel 1185 a Verona, dove si era

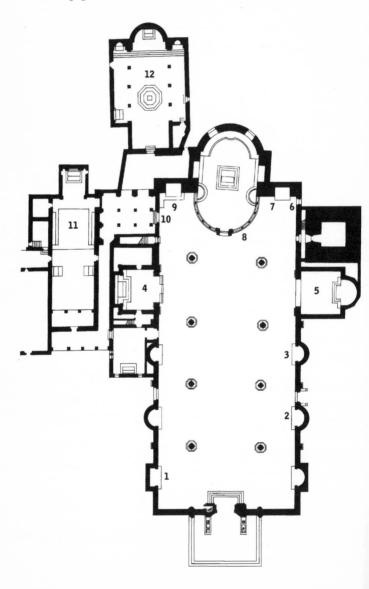

rifugiato per la ribellione del popolo romano. Questo esilio non sembra abbia ostacolato lo stile attivo del suo papato: tra l'altro convocò a Verona un concilio sulle eresie che vide la partecipazione di Federico Barbarossa. L'ultima cappella, a lato del presbiterio (**7**), eretta nel 1508, ha finissimi rilievi scultorei lombardeschi. L'elegantissima arca gotica all'interno (1353), del tipo a baldacchino elevato su colonne, contiene reliquie di sant'Agata, mentre l'urna di marmo rosso sotto la mensa contiene le spoglie di santa Maria Consolatrice, traslate dalla vicina chiesa a lei dedicata dopo la soppressione napoleonica. Sorella del vescovo Annone vissuto nel VIII secolo, fu lei, secondo la leggenda locale, a recarsi in Istria a riscattare le reliquie dei santi Fermo e Rustico e riportarle a Verona.

L'area presbiteriale fu risistemata da Gian Matteo Giberti, vescovo di Verona dal 1524 al 1543, uno degli ecclesiastici più influenti e potenti del '500, dapprima come datario di Clemente VII e poi come promotore della riforma cattolica. Uno dei suoi obiettivi era accrescere nelle chiese l'attenzione e la devozione dei fedeli verso l'altar maggiore rispetto agli altri altari. Effettivamente il magnifico tornacoro marmoreo a colonne ioniche (**8**) di Michele Sanmicheli e la monumentale decorazione a fresco ideata da Giulio Romano attirano subito l'attenzione di chi entra nella chiesa. Il tornacoro, progettato attorno al 1534, fu finanziato con un lascito del prelato veronese Lodovico di Canossa, vescovo di Bayeux e stretto amico di Giberti. Lo stemma Canossa appare perciò sui piedistalli ai lati dell'ingresso. Dominano il programma pittorico, dedicato alla Vergine a cui è intitolata la cattedrale, le figure colossali dell'*Assunta* e degli *Apostoli* nel catino absidale, sotto il quale è dipinto *San Zeno*. Gli affreschi furono eseguiti da Francesco Torbido nel 1534 su disegni di Giulio Romano. Il grande altare doppio voluto da Giberti è ancora in sito, ma lo stupendo tabernacolo originale, di marmi preziosi e cristallo, sostenuto da quattro angeli bronzei, è scomparso da tempo.

A sinistra del presbiterio è la cappella Maffei (**9**) del 1515, con una *Lamentazione* e *Resurrezione* di Falconetto nella parte superiore e la *Vergine e sant'Annone* di Agostino Ugolini (1794) sull'altare. Il bell'organo (**10**) del primo '600 è decorato da dipinti di Felice Brusasorci.

La porta al di sotto dell'organo da accesso a un loggiato di nove campate a volta a crociera sostenuto da colonne riempiegate. Creduto parte superstite della cattedrale carolingia, probabilmente risale al XII secolo e serve come passaggio comunicante con Sant'Elena (**11**), la chiesa dei Canonici, e con San Giovanni in Fonte (**12**), il battistero. Recenti restauri all'interno di Sant'Elena hanno lasciato aperta la pavimentazione per evidenziare l'abside e una colonna scannellata della prima basilica paleocristiana del IV secolo, mentre verso l'ingresso un'altra

93

apertura rivela gli scavi dell'abside della grande basilica del V
secolo, sovrapposta alla prima. Nel pavimento sono sigilli tom-
bali medioevali e rinascimentali. La pala d'altare di Felice
Brusasorci raffigura la *Madonna col Bambino e i SS. Giorgio,
Elena, Zeno e Stefano* (1573-1579), ricordando la dedicazione
originale della chiesa a S. Giorgio.

Il battistero, S. Giovanni in Fonte, è in realtà una piccola basilica a tre navate. Ricostruito nel XII secolo, contiene un'interessante varietà di capitelli dell'VIII secolo e un pilastro del VI
secolo reimpiegati. Lo spettacolare fonte battesimale, un ottagono di tre metri di diametro, fu scolpito da un unico blocco
di marmo rosso ed è ornato da rilievi dell'infanzia e del battesimo di Cristo: *Annunciazione, Visitazione e Natività,
Annunciazione ai pastori, Adorazione dei Magi, Erode che dà
ordini ai soldati, Strage degli Innocenti, Fuga in Egitto, Battesimo
di Cristo*. I rilievi sono databili al 1200 circa. Tranne i primi
due, in cui è evidente un'altra mano, sono assegnati alla scuola
di Brioloto, l'architetto-scultore attivo a Verona nel tardo XII
secolo che progettò probabilmente la facciata di San Zeno.
Appeso in alto sulla parete sinistra, *Battesimo di Cristo*, 1568,
di Paolo Farinati, già sull'altare maggiore.

94

San Giovanni in Fonte: fonte battesimale

Galleria d'Arte Moderna e palazzo Forti

L'ingresso alla galleria è su corso Sant'Anastasia, da Volto Due Mori. Le origini del palazzo Forti, nel quale la galleria è collocata, risalgono al XIII secolo, quando Ezzelino III da Romano, detto «il tiranno», vi avrebbe stabilito la propria residenza. Successivi ampliamenti, dal '400 al '700, si devono agli Emilei. La facciata principale su via Forti e la bella scalinata verso l'atrio vennero progettate da Ignazio Pellegrini nel 1780 in uno stile neoclassico di ispirazione cinquecentesca. Durante la campagna d'Italia del 1796-97, Napoleone soggiornò nel palazzo. Per i restauri e ristrutturazioni ai quali il museo è attualmente sottoposto (la conclusione dei lavori è prevista entro il 2000) è aperta al pubblico solo l'area a pianterreno destinata a mostre temporanee. Lo spazio espositivo per la collezione permanente occuperà nuove sale al primo e secondo piano. La raccolta, comprendente lavori dell'800 e del '900, rappresenta in particolare l'opera di pittori veronesi come Vincenzo De Stefani, Vincenzo Cabianca, Angelo Dall'Oca Bianca, Vittorio Avanzi, Pino Casarini e Pio Semeghini. Vi sono ben rappresentati, tuttavia, anche noti artisti italiani come Francesco Hayez, Giovanni Fattori, Felice Casorati, Medardo Rosso, Mario Mafai, Filippo De Pisis e altri.

95

Giardino Giusti

Ricordato nei diari dei viaggiatori dal '600 in poi, il giardino sembra sia stato aperto alla visita fin dalla fondazione, attorno al 1591, contemporanea alla costruzione del grande palazzo di Agostino Giusti. Anche altri palazzi nobiliari all'interno delle mura cittadine erano dotati di giardini formati ad arte, almeno nel '700, ma solo questo rimane, curato ininterrottamente dalla famiglia Giusti. L'attuale estensione e dispozione è ancora vicina al progetto originale. Come raffinato giardino *all'italiana*, combina disegno e spontaneità, artificio e natura, sfruttando i dislivelli del terreno per dare varietà e sorprendere il visitatore con giochi arguti.

L'asse principale, decentrato, parte dall'ingresso del palazzo ed è affiancato da magnifici alberi di cipresso, per i quali il giardino è sempre stato famoso. Il terreno è inizialmente in piano: questa parte è dominata da siepi di bosso e aiuole fiorite in forme geometriche, con al centro statue di divinità dell'Olimpo e fontane. La peschiera è scomparsa, ma all'estremità destra è stato riproposto il labirinto originale, probabilmente formato una volta da siepi molto alte che impedivano di orientarsi all'interno. Solo una parte della collezione di antichità che era esposta nel giardino è rimasta.

Più avanti il terreno si eleva verso un ombroso boschetto con alti alberi e sentieri incrociati. Qui si innalza la parete di una rupe. Tornando sull'asse principale, una rampa gradinata porta a una grotta al piede del colle, mentre in cima un mascherone digrigna i denti, come se chi si avventura all'interno della grotta potesse essere consumato ed esalato in una lingua di fuoco, che a volte veniva accesa nella bocca mostruosa. Ma vista da vicino la grotta non è poi così terrificante: inquadrata da un portale classico, aveva la volta incrostata di conchiglie, corallo, madreperla, pietre e vetri colorati, con paesaggi dipinti e specchi sulle pareti che davano l'illusione di guardare un panorama aperto, anziché un antro chiuso. Il vero panorama si gode però dalla balaustra sopra il mascherone, una volta che si è trovata la via per arrivarvi. Il giardino alla sommità ha uno spazio ristretto, dove erano piantate erbe aromatiche ed alberi, con un tempietto nel mezzo. All'estrema sinistra è la palazzina di Venere, ideale ritiro.

Anche se alcune strutture e decorazioni del giardino non sono sopravvissute, è importante visitarlo con calma e attenzione per sperimentarne e apprezzarne la varietà, concentrata in un'area relativamente piccola. Nei mesi estivi, come avveniva nel '500, si tengono nel cortile spettacoli teatrali e concerti.

96

Loggia del Consiglio

Il Consiglio cittadino, istituito nel medioevo e formato da esponenti dell'aristocrazia, che Venezia aveva mantenuto pur limitandone le funzioni, si riuniva nel palazzo della Ragione (già del Comune), riadattato allo scopo nel 1452. L'inadeguatezza di quegli ambienti e la volontà di dare forma definitiva al lato nord della piazza dei Signori, dove sorgevano costruzioni medievali, indusse nel 1476 a deliberare la realizzazione di un nuovo edificio.

I lavori procedettero lentamente e furono ultimati nel 1492. Il folto gruppo di scalpellini, quasi tutti lombardi, che eseguì le parti scultoree fu guidato da una terna di nobili di formazione umanistica, tra i quali va forse ricercato l'anonimo architetto. L'attribuzione a fra' Giocondo, diffusa nell'Ottocento, era nata dalla leggenda che il personaggio incappucciato raffigurato nel rilievo all'angolo con via Fogge fosse il frate veronese, celebre architetto e commentatore di Vitruvio. Si tratta in realtà di Plinio il Giovane, che tiene aperto il libro delle sue lettere. Gli elementi decorativi *all'antica* introdotti in città dagli scultori lombardi su portali, cappelle e altari vengono qui per la prima volta coerentemente impiegati in un edificio di concezione pienamente rinascimentale. A mostrare la continuità con la Verona romana sono poste le cinque statue di scrittori antichi ritenuti veronesi: da sinistra, Vitruvio, Catullo, Plinio il Vecchio, Macro, Cornelio Nepote. La facciata si svolge come un portico continuo, appena segnato dal pilastro centrale, inserendosi perfettamente tra gli eterogenei edifici della piazza. È ormai perduta la decorazione pittorica originale, più volte rifatta dal secolo scorso in poi.

97

Madonna di Campagna

Il santuario della Madonna di Campagna si trova a San Michele Extra, un'antico borgo ad est di Verona sulla strada statale per Vicenza, a circa 4 km fuori porta Vescovo. Iniziato nel 1559, fu intitolato a Santa Maria della Pace, per commemorare il trattato di Cateau-Cambrésis, dello stesso anno, che metteva fine alle ostilità tra i Valois e gli Asburgo e alle loro invasioni della penisola. In realtà il santuario fu costruito per ospitare un'immagine miracolosa della Vergine: un'affresco trecentesco sopravvissuto alla demolizione di un vicino monastero nella spianata del 1518. La chiesa, un'alta rotonda con cupola elevata su tamburo, era situata in una zona pianeggiante con ampio spazio attorno (il comune di Verona e la contrada di San Michele donarono i campi) e dominava il paesaggio come meta di pellegrinaggio. Faceva parte di una lunga tradizione di santuari mariani a pianta centrale risalente al Pantheon (conosciuto come «Santa Maria Rotonda» nel medioevo), come quelli di Todi e Montepulciano, Santa Maria della Croce a Crema o, mezzo secolo più tardi, Santa Maria della Salute a Venezia.

La cupola è a doppia calotta: quella esterna, di profilo più alto

e sormontata da una lanterna, è di legno. La fascia di lesene con trabeazione e archi, alcuni aperti a finestra, altri ciechi, corrisponde al tamburo della cupola interna. Addossato al corpo centrale della rotonda è un porticato a peristilio di ordine tuscanico.

Il progetto è attribuito a Michele Sanmicheli da Giorgio Vasari, nella seconda edizione delle *Vite* (1568). Sanmicheli morì nel 1559, ma secondo il Vasari i lavori proseguirono, sebbene a suo giudizio il bellissimo disegno dell'architetto fosse stato «storpiato» da esecutori meno abili. Ovviamente il Vasari si riferisce alle strane proporzioni del profilo esterno della chiesa: il basso peristilio poco integrato all'altissimo e liscio corpo cilindrico. L'estensione del tamburo, che sembra servire come contrafforte alla cupola interna, esagera l'effetto verticale.

L'interno della chiesa è luminoso e molto armonioso nelle proporzioni. La navata è a forma di ottagono scompartito da lesene di ordine composito e arcate che formano grandi nicchie ove sono collocati i quattro altari (sugli assi diagonali), le tre porte d'ingresso e l'accesso alla zona presbiteriale. Il tamburo e la cupola sono pure ottagonali, la superficie della cupola si arrotonda in forma sferica verso la sommità. Gli altari, due di marmo rosso e due di nero variegato, sono identici, con imponenti architravi all'altezza della modanatura orizzontale che circonda tutto l'interno della chiesa. Le pale furono eseguite dai maggiori artisti locali attivi nel tardo '500: cominciando con la prima a destra dell'ingresso principale, *Deposizione di Cristo*, 1596, di Felice Brusasorci; *Adorazione dei Pastori*, 1589, di Paolo Farinati; *Flagellazione*, 1596, di Felice Brusasorci; *Assunzione della Vergine*, 1603, di Claudio Ridolfi. Il bel pavimento geometrico in marmo rosso, bianco e nero è del '700.

Il presbiterio prende la forma di una croce greca, con transetto a braccia absidali e cupola. Questo susseguirsi di spazi distinti che si aprono alla vista man mano proseguendo lungo l'asse principale avrà seguito nelle chiese veneziane di Palladio e in Santa Maria della Salute, di Baldassare Longhena, a Venezia. La struttura architettonica dell'altar maggiore è recente; l'immagine sacra raffigura la *Vergine col Bambino con i santi Bartolomeo e Antonio abate*.

99

Museo Lapidario Maffeiano

Si accede al Museo Lapidario dal lato interno dei Portoni della Bra, al n. 28. Nel 1612, alla morte del canonico Cesare Nichesola, i rettori veneziani di Verona provvidero alla tutela della sua collezione di lapidi antiche, affidandola all'Accademia Filarmonica. Le lapidi giacevano ancora nel cortile dell'Accademia cento anni dopo, quando Scipione Maffei decise di occuparsi della loro conservazione, convinto che lo studio dell'epigrafia fosse importante per un'accurata conoscenza della storia antica. Il Museo, ideato da Maffei nel 1716, fu uno dei primi musei pubblici in Europa. Oltre a studiare e pubblicare le iscrizioni, Maffei ne accrebbe considerevolmente il numero, formando la maggiore raccolta di epigrafi greche in Italia (un centinaio circa), alle quali aggiunse molti rilievi scultorei di alta qualità, in gran parte steli ed urne funerarie, di origine etrusca, romana, greca ed egea.

Il museo fu costruito nel 1745 su progetto del conte Alessandro Pompei, che condivideva con Maffei il gusto per l'architettura classica. Era formato da un basso porticato dorico, che cinge il cortile rettangolare, dinanzi all'imponente pronao ionico dell'Accademia, opera di Domenico Curtoni, 1604. Il museo passò alla città nel 1883. Nel 1929 e di nuovo nel 1960 l'aspetto del portico maffeiano fu radicalmente alterato, riducendo la dimensione del cortile e elevandogli attorno tre piani di costruzioni.

La disposizione della raccolta è la seguente: nel portico a destra, iscrizioni romane da Verona, suddivise per argomento; nel portico a sinistra, epigrafi romane dall'Istria, da Brescia, Aquileia, Padova e Roma; nel sotterraneo, lapidi dalla Valpolicella, dal lago di Garda, da Verona; nel pronao dell'Accademia, grandi frammenti architettonici e rilievi scultorei. Nelle ben allestite sale interne sono esposte le epigrafi e i rilievi greci e le sculture di minori dimensioni dal V secolo a.C. al V secolo d.C.

Museo Lapidario: coperchio di sarcofago con bambino dormiente d'epoca imperiale

Palazzo Bevilacqua

I Bevilacqua, che avevano qui la loro residenza fin dal XIV secolo, commissionarono il progetto del palazzo a Michele
Sanmicheli nei primi anni trenta del '500. La facciata, tutta in
pietra, utilizza elementi classici di grande forza espressiva in uno
schema compositivo complesso, fondato sul ritmo alternato delle
campate larga e stretta, che al piano nobile formano una serie
ideale di archi trionfali concatenati, composti da una campata
centrale ad arco e due laterali con aperture a edicola. Le colonne
con scanalature tortili, citando la vicina porta Borsari, alludono
alla continuità tra la Verona romana e il rinnovamento urbano
cinquecentesco. Il riferimento è reso esplicito dalla presenza dei
busti di Cesari sugli archi del piano terra (altri quattro busti, pre-
disposti per il completamento della facciata, sono al museo di
Castelvecchio). Il salone al piano nobile ospitava la più celebre
collezione privata veronese di antichità e dipinti, costituita da
Mario Bevilacqua nella seconda metà del '500 e dispersa in epoca
napoleonica. Nell'Ottocento vennero tolti i sedili in pietra per i
passanti che anche il palazzo Bevilacqua, come altri edifici sanmicheliani, aveva al piede della facciata.

Palazzo Canossa

Il palazzo, commissionato attorno al 1529 da Lodovico di
Canossa, vescovo di Bayeux, mostra stretti legami con le opere
di Bramante, Raffaello e Giulio Romano, che Sanmicheli
aveva veduto nel suo lungo soggiorno a Roma, dove anche il
Canossa aveva risieduto come membro della curia papale. La
sua grande novità per Verona può essere compresa paragonan-
done l'impianto, con il bugnato a piano terra, l'intelaiatura
dell'ordine classico al piano superiore, il grande atrio aperto
con tre archi sulla strada, agli edifici veronesi dell'epoca, ancora basati sul modello gotico in cui finestre e portali venivano
disposti senza vincoli di simmetria. Vanno inoltre notate alcune finezze: il marcapiano «in negativo» sotto le finestre del

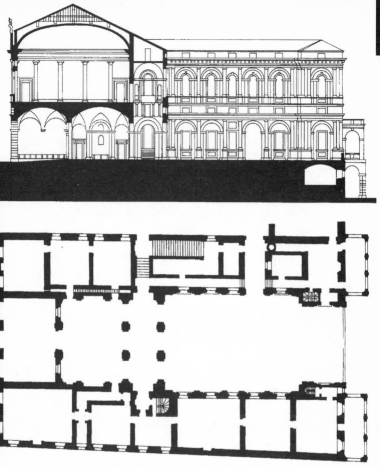

Spaccato e pianta di Palazzo Canossa

mezzanino, l'elegante soluzione d'angolo a paraste sovrapposte, il fregio con i cani correnti, allusione allo stemma dei Canossa. Il portale all'interno dell'atrio è ornato da finissimi rilevi di armi e trofei.

Le ali, che lasciano il cortile aperto verso il fiume, vennero completate nel XVII secolo, mentre la balaustra sormontata da statue in facciata fu aggiunta nel 1761 per mascherare la sopraelevazione del coperto sul salone il cui soffitto, dipinto allora da Giambattista Tiepolo (*Apoteosi di Ercole*), è andato distrutto durante la guerra.

Palazzo del Comune e Torre dei Lamberti

La *Domus Communis* fu costruita attorno al 1193 nella forma a corte con torri angolari, derivata dai palazzi civici lombardi, per accogliere le nuove magistrature del Comune. Incorpora, soprattutto verso piazza Erbe, edifici precedenti di cui è testimonianza la torre dei Lamberti (1172) che costituisce la parte inferiore, a corsi di pietra e mattone alternati, della torre civica. Questo tipo di paramento murario, tipico del romanico veronese, è impiegato anche per le severe facciate del palazzo, grandi superfici piane nelle quali si aprono le trifore romaniche a colonnine raddoppiate. Il cortile, al quale si accede dagli ingressi opposti di piazza dei Signori e di via Cairoli, ovvero da uno stretto passaggio coperto da piazza Erbe, è aperto da un ampio portico ad archi e pilastri su tre lati (il quarto è stato tamponato in seguito). Nel '400 vi era stato trasferito il mercato delle granaglie, da cui il nome di Mercato Vecchio dato al cortile, mentre il palazzo fu allora chiamato della *Ragione* per la presenza del tribunale.

All'inizio dell'Ottocento Giuseppe Barbieri rivestì tutto il fronte verso piazza Erbe con una facciata neoclassica, poi parzialmente rimossa in corrispondenza della torre d'angolo nel 1925.

Le facciate e le finestre medievali sono state in gran parte rifatte nei restauri di fine '800. Al recupero dell'immagine romanica venne allora sacrificata anche la struttura a loggia eretta nel 1452 per dar luogo dal cortile alle due sale del tribunale e del Consiglio al piano superiore, mantenendone solo la grande scala iniziata nel 1447 dal podestà Venier, adattata e privata della copertura. Il livello del cortile fu inoltre notevolmente abbassato, scoprendo la fondazione della scala.

La torre dei Lamberti, salendo sulla quale (anche con ascensore) si ha un incomparabile panorama della città, fu innalzata a più riprese dal 1452 al 1463, quando fu completato il coronamento ottagonale in pietra. L'impiego fin sulla cella superiore di ghiere a conci alternati di mattone e pietra per gli archi, generalmente abbandonato nel '400, indica la volontà di mantenere una continuità stilistica con la costruzione medievale.

Palazzo e Museo Miniscalchi Erizzo

Significativo esempio di palazzo con facciata tardo gotica della metà del '400, ha un portale a marmi policromi ed elaborate finestre in stile veneziano al piano nobile. La decorazione a fresco (il lato destro della facciata è stato rifatto dopo i danni bellici) risale alla seconda metà del '500. Al centro del livello superiore, *Giudizio di Salomone* e figure di Minerva e Diana nelle finte nicchie ai lati; al piano nobile, episodio della *Spada di Damocle* e figure di Marte e Venere con Cupido; nel fregio in basso, putti che cavalcano pantere e sul portale lo stemma Miniscalchi. Il significato allegorico della zona centrale degli affreschi sembra alludere alla natura del potere, arma a doppio taglio per chi lo possiede.

Il museo è una collezione eclettica di notevole qualità e interesse, comprendente tra l'altro pitture, disegni, bronzi, arti decorative, arredi ed armi di un ampio arco temporale. Vi sono particolarmente ben rappresentati i secoli XVI e XVII.

Palazzo Vescovile

Gli edifici che formano il complesso vescovile vennero più volte modificati e restaurati nel corso dei secoli. Un carattere veneziano è conferito alla facciata verso la piazza dalla elaborata merlatura di coronamento e dal portale a colonne doppie, di cui si trovano esempi nell'architettura sia sacra che profana del '400 a Venezia. Questo non deve sorprendere, dato che tutti i vescovi di Verona, da quando la città cadde sotto la dominazione della Serenissima nel 1405, furono veneziani. Il portale, di marmo bianco e grigio, fu realizzato nel 1502 dal vescovo Giovanni Michiel, il cui stemma è sostenuto dalla statua dell'*Arcangelo Michele* alla sommità. Le insegne papali murate sopra il portale sono quelle di due dei tre papi veneziani del '400, Eugenio IV e Paolo II. Nella lunetta la *Madonna in cathedra* è affiancata dai santi papali *Pietro* e *Paolo*. Nonostante alcune caratteristiche vadano già verso il '500 – le semicolonne classiche su piedistalli e la assenza di decorazione a rilievo sulle superfici dell'architettura – la conformazione del portale, soprattutto nella parte superiore, ricade ancora nella tradizione quattrocentesca.

Entrando nel cortile, attraverso un portico nel quale sono state riutilizzate delle colonne romaniche, si vedono a sinistra due delle absidi del XII secolo di San Giovanni in Fonte. La grande statua di un *Arcangelo*, in origine destinata al campanile del duomo, è di Alessandro Vittoria, 1556. Del palazzo romanico rimane solo la torre in pietra sul lato nord del cortile, ai lati della quale si stende il corpo principale del palazzo, un edificio del XIII-XIV secolo rinnovato in stile gotico nel '400. Degli affreschi che una volta ricoprivano l'intera facciata resta poco più degli stemmi di papa Paolo II, della famiglia veneziana Barbo, e del vescovo Michiel, suo nipote. Il salone all'interno è conosciuto per gli affreschi di Domenico Brusasorci, con il grande fregio in cui sono ritratti i centododici vescovi di Verona fino al 1566, data della pittura, in animata discussione dietro una balaustrata.

Palazzo Vescovile: portale

Ponte Pietra

Il ponte della Pietra, il più antico di Verona, fu costruito in età romana, forse a sostituire un precedente ponte in legno. Il guado che esisteva in questo punto fin da tempi remoti, difeso dal colle soprastante, dovette dare origine al primo nucleo abitato da cui nacque la città. Le caratteristiche delle due arcate romane superstiti, verso la riva sinistra, sono riferibili all'età repubblicana (I secolo a.C.). Anche la posizione del ponte, non legata al tracciato urbano tardorepubblicano, suggerisce una datazione precoce, che ne fa il più antico monumento romano di Verona.

Le tre arcate a sud furono ricostruite da Alberto I della Scala nel 1298 assieme alla torre difensiva, ornata verso il fiume da un magnifico arco in pietra a tutto sesto sormontato dall'insegna scaligera. Una torre analoga, demolita all'inizio dell'Ottocento, era sulla riva opposta. I solchi sulla spalla sinistra del portale, accanto a una graziosa fontanina con testa d'angelo, sono stati prodotti dalle funi con cui venivano trainate verso le arcate le imbarcazioni che risalivano il fiume. L'apertura a finestra sul pilone romano e il successivo occhio circolare al centro hanno la funzione di alleggerire la pressione dell'acqua in caso di piena. Il 24 aprile 1945 fu fatto saltare, assieme agli altri ponti, dall'esercito tedesco e venne ricostruito negli anni 1957-59 ricomponendo accuratamente le parti originali.

Sant'Anastasia

Subito dopo il 1260, sembra su invito del vescovo di Verona, i Domenicani lasciarono la loro prima sede fuori delle mura per erigere una grande chiesa e un convento in città. L'imponente struttura in mattoni, principale esempio di architettura gotica a Verona, fu iniziata attorno al 1290. È intitolata a San Pietro Martire, il frate domenicano veronese assassinato dagli eretici nel 1252 mentre era Inquisitore in Lombardia, ma la tradizione popolare ha perpetuato il nome di una chiesa dedicata a Sant'Anastasia che preesisteva in questo luogo.

La chiesa fu completata nella parte est, con absidi, transetto, parte del campanile e due campate della navata, nell'arco di un trentennio, mentre le mura perimetrali e la facciata rimasero a metà della loro altezza per un secolo ancora. La forma poligonale delle absidi, con alte monofore separate da piatte lesene, e le raffinate cornici in mattoni ad archetti intrecciati si armonizzano in un insieme coerentemente gotico. Invece nella facciata, mai ultimata, lo splendido portale gotico, in marmi policromi del XIV secolo, è affiancato da pannelli a bassorilievo e motivi decorativi all'antica in forme rinascimentali del XV e XVI secolo.

Sant'Anastasia: interno

Il campanile, completato nel 1434, si adatta al carattere d'assieme del gruppo absidale. Differisce dal consueto tipo veronese per la balaustra alla sommità, l'assenza di pinnacoli e il cono nervato.

Il portale a doppia apertura con pilastro centrale, o *trumeau*, tipico dell'architettura medievale nel nord Europa ma raro in Italia, si ritrova anche nella porta laterale di San Fermo Maggiore. I rilievi sul portale sono importanti esempi dello stile ritardatario e un po' impacciato della scultura veronese del primo '300. Le scene sugli architravi raffigurano l'*Incarnazione e Passione di Cristo* con, alle estremità, *Sant'Anastasia* e *Santa Caterina d'Alessandria*. Sul *trumeau* è *San Domenico* (al centro), ai lati *San Pietro Martire* (a sinistra) e *San Tommaso d'Aquino* (a destra). La statua della *Vergine con il Bambino* in alto è in stile tardo-gotico del primo '400. I pannelli quattrocenteschi a bassorilievo, sul contrafforte a destra del portale, illustrano il *Martirio di san Pietro Martire* e il *Miracolo della nuvola*, che dà ombra mentre il santo predica. Le iscrizioni sulle cornici vuote (datate 1522), che decorano gli altri contrafforti, indicano che erano previsti altri episodi della vita del santo.

L'interno è diviso in tre navate da alte e spaziate colonne con capitelli gotici a fogliami, che sostengono gli archi acuti delle navate e le volte a crociera. Queste ed altre caratteristiche, come l'uso di catene in legno tra le colonne e l'effetto di altezza e grande ampiezza, richiamano la contemporanea chiesa domenicana di San Giovanni e Paolo a Venezia. Tipico delle grandi chiese gotiche degli ordini mendicanti in Italia sono l'ampio transetto e le absidi minori affiancate a quella maggiore.

Degno di nota è il pavimento a marmi rossi, bianchi e neri, in gran parte ancora l'originale quattrocentesco, particolarmente elaborato al centro del transetto, dove forma un rosone con lo stemma domenicano al centro. Delle due acquasantiere rinascimentali in marmo rosso, sostenute da cariatidi incurvate («gobbi») addossate alle prime due colonne, la tradizione attribuisce quella a sinistra allo scalpellino Gabriele, padre del pittore Paolo Veronese.

Nella prima campata a destra (**1**) è collocato il monumento Fregoso del 1565, lodato da Giorgio Vasari nelle sue *Vite*, l'opera maggiore di Danese Cattaneo, allievo di Jacopo Sansovino. Giano II Fregoso era stato Doge di Genova e poi condottiero per la Repubblica di Venezia. Il monumento è un importante esempio del tipo cinquecentesco della tomba-altare: sull'altare è il Cristo risorto, il Fregoso è raffigurato in abito militare sul piedistallo a sinistra, mentre manca un sarcofago. Il motivo architettonico è quello dell'arco trionfale, presente qui in forme del Rinascimento maturo ispirate all'antichità romana.

Le due cappelle successive, (**2**) Manzini del 1482 e (**3**) Bonaveri del 1490 circa, impiegano la stessa struttura architettonica e decorativa di quelle coeve in duomo: un'arcone in marmo contorna l'altare, con statue alla sommità e santi dipinti in finte nicchie ai

109

lati, a ricoprire la superficie della parete circostante. Le lesene classiche sono ornate da rilievi a fogliami del primo Rinascimento. Questo tipo di intagli, di qualità generalmente elevata, era di solito eseguito a Verona (come ovunque in Italia settentrionale) da scalpellini lombardi. Nella cappella Bonaveri gli affreschi della *Deposizione nel sepolcro* nella lunetta e dei santi ai lati sono di Liberale da Verona (1490 circa), famoso miniaturista, mentre l'altare di questa cappella e della precedente sono barocchi.

L'altare Pindemonte (**4**) del 1535 riproduce l'arco romano dei Gavi, ora in corso Cavour.

La cappella della Crocifissione, al termine della navata destra (**5**) appartiene alla prima fase costruttiva della chiesa, come mostra la bassa volta gotica. Sono interessanti il grande *Crocifisso* ligneo e un gruppo scultoreo policromo della *Deposizione*, quattrocentesco. Del XV secolo è anche il finissimo rilievo a candelabre sull'arco di accesso.

Sul muro di fondo del transetto destro è l'altare di san Tommaso d'Aquino (1488-1502) della famiglia Centrego (**6**). La pala di Girolamo dai Libri, *La Vergine e il Bambino con i santi Tommaso d'Aquino, Agostino e donatori*, dimostra la ricchezza di colori e dettagli di un pittore famoso anche come miniaturista.

Le cappelle absidali di sant'Anastasia contengono alcuni tra i più importanti esempi superstiti di decorazione murale e di scultura funeraria tardo-gotiche a Verona (se non nell'Italia settentrionale), dove lo stile gotico si protrasse più a lungo che altrove. La cappella Cavalli (**7**) risale al '300. Sulla parete destra si trova la *Tomba di Federico Cavalli* (1390), tradizionale arca murale gotica con baldacchino ad arco sulla figura giacente e affresco devozionale attribuito a Martino da Verona, nella lunetta. Al di sopra, in parte coperto dalla tomba, un grande affresco con *I santi Giorgio, Martino e Giacomo che presentano alla Vergine e al Bambino membri della famiglia Cavalli*, eseguito poco prima del 1390 da Altichiero, il maggior pittore veronese del tardo '300. Sulla parete sinistra è un *Battesimo di Cristo* del pittore bolognese Jacopino di Francesco. L'ancona intagliata e dorata posta sull'altare è di autore sconosciuto degli inizi del secolo XVI.

Sull'arco di ingresso della cappella successiva, della famiglia Pellegrini (**8**), si trova l'affresco con *San Giorgio e la Principessa* (1433) dipinto da Antonio Pisano detto il Pisanello, uno dei capolavori della maniera cavalleresca e cortese caratteristica del gotico Internazionale dell'inizio del XV secolo. Sulle pareti, due belle tombe trecentesche in marmo rosso. Particolarmente elegante è l'affresco votivo di scuola altichieresca nella lunetta della tomba sulla destra, attribuito a Martino da Verona. I ventiquattro grandi pannelli in terracotta con rilievi della vita di Cristo, in origine policromi, furono eseguiti nel 1435 da Michele da Firenze, che era stato assistente di Lorenzo Ghiberti. Di stile toscano e ricche di dettagli, sono opere del tutto singolari in questo periodo a Verona, data l'assenza di una scuola locale che producesse rilievi figurativi. Nella cappella maggiore (**9**) l'intera parete sinistra è occupata dal *Monumento funebre equestre di Cortesia Serego* (1424-1429). Lo stile dell'intaglio, il sarcofago ornato da nicchie e il padiglione a tendaggi fanno pensare a uno degli scultori toscani attivi in monumenti funerari a Verona e a Venezia in questi anni, come Pietro Lamberti o Nanni di Bartolo. Con la sua ricca incorniciatura a quattro archi floreali trilobati e l'affresco circostante con l'*Annunciazione* e i santi *Tommaso d'Aquino* e *Pietro Martire* (1432), del veneziano Michele Giambono, questo monumento rappresenta un vertice negli elaborati complessi scultoreo-decorati-

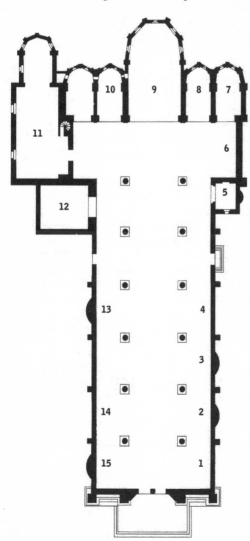

Sant'Anastasia: portale

vi tardo gotici. Sulla parete destra, in alto, un grandioso *Giudizio Finale* della metà del '300.

La successiva cappella Lavagnoli (**10**) contiene affreschi del tardo '400 con grandi scene che narrano storie di Cristo e san Giovanni Evangelista sullo sfondo di paesaggi e scenari urbani, attribuiti al bresciano Pietro da Cemmo.

Dal transetto sinistro si accede alla cappella Giusti (**11**), costruita nel 1453. Gli stalli lignei provengono dal coro quattrocentesco della chiesa. Sull'altare, *Vergine con Bambino e santi* (1598) di Felice Brusasorci.

La grande cappella del Rosario nella navata sinistra (**12**) venne costruita da Domenico Curtoni negli ultimi anni del '500. La devozione domenicana al rosario si diffuse in modo particolare con la Controriforma e dopo che la vittoria contro i Turchi a Lepanto nel 1571 venne attribuita alla Vergine del Rosario. L'armonioso classicismo tardo rinascimentale dell'architettura della cappella è contrastato dall'effetto tenebroso dei dipinti, eseguiti da artisti veronesi negli anni 1610-1630. Tra questi, la *Flagellazione*, opera del tardo manierismo di Claudio Ridolfi; *Cristo nell'orto di Getsemani*, che comunica il naturalismo del primo barocco, di Pietro Bernardi; e l'*Incoronazione della Vergine* (nella lunetta sopra l'altare) di Marcantonio Bassetti. La decorazione scultorea all'interno e i putti sulla balaustra sono della metà del '600. Sull'altare, affresco con la *Vergine e il Bambino, i santi Pietro Martire, Domenico e donatori Scaligeri*, di Lorenzo Veneziano, in stile gotico bizantineggiante della metà del '300.

La cappella Miniscalchi (**13**), del primo '500, fa un uso spettacolare di marmi policromi. Inserti a tondo e a diamante nei rilievi decorativi sono tipici dello stile lombardesco di questo periodo. Le statue, in nicchie affiancate da colonne, conferiscono una maggiore plasticità rispetto al moderato rilievo delle quattrocentesche cappelle Manzini (**2**) e Bonaveri (**3**). Sull'altare è una *Pentecoste* di Nicola Giolfino (1518). La penultima cappella, Faella (**14**), del 1520, mantiene la decorazione lombardesca, ma ha un carattere pienamente cinquecentesco, in cui domina l'ordine classico, con timpano su colonne. La pala, *Cristo in gloria ed i santi Erasmo e Giorgio* (1522), è anche qui del Giolfino.

L'ultima cappella, Boldieri (**15**), anteriore al 1466, introdusse per prima nella chiesa lo schema ad arcone circondato da statue ed impiega un'ancona con figure scolpite, di derivazione gotica.

Santi Apostoli

Le più antiche vicende di questa chiesa e il suo collegamento con il sacello del V secolo contenente la tomba delle sante Teuteria e Tosca restano oscure. L'edificio attuale, menzionato per la prima volta in questo luogo nell'VIII secolo, risale al XII secolo. Le mura esterne, l'abside e il campanile sono romanici, costruiti a corsi di pietra, mattoni e, nel campanile, ciottoli di fiume. Al di sopra del portale in facciata sono due mensole altomedievali che sostenevano un protiro romanico. L'abside è scandito da colonnine addossate con soprastante cornice, parte della quale proviene dalla chiesa pre-romanica. Alcune modifiche successive, in particolare l'innalzamento dei muri perimetrali, sono chiaramente visibili.

Nulla resta dell'aspetto romanico nell'interno, trasformato, probabilmente nel '500, da tre a una navata e nuovamente alterato nell'Ottocento. Attraverso la sacrestia si accede al sacello delle sante Teuteria e Tosca, il cui pavimento, due metri più basso di quello della chiesa, coincide con il livello stradale tardo-romano. La pianta originale, inoltre, era a croce greca (con bracci di eguale lunghezza, trasformata successivamente in quadrata). Si è indotti perciò a ritenere l'edificio di epoca paleocristiana, in analogia con la cappella funeraria cruciforme di Galla Placidia a Ravenna (425-450), ma non è nota la data di dedicazione alle sante Teuteria e Tosca. Stando alla leggenda, le sante morirono a Verona nel III secolo. Dietro l'altare è collocato il loro sarcofago, secondo l'iscrizione elevato su colonne nel 1427 dal rettore e vescovo Elia, che vi fece apporre i rilievi della *Vergine col Bambino e il donatore tra le sante Teuteria e Tosca*. Dal '300 il sacello fu anche cappella della famiglia Bevilacqua. Nell'angolo sinistro vi è una tomba Bevilacqua del XVI secolo con la figura giacente appoggiata su un braccio; a destra, tomba di Francesco Bevilacqua († 1368), consigliere di Cangrande II. Tornando alla chiesa, una porta dà sul porticato laterale, ricostruito nel XVII secolo utilizzando le colonnine binate romaniche del precedente chiostro.

Lungo le pareti della chiesa si trovano importanti dipinti dal tardo '500 al primo '700. Tra questi, *Sant'Agostino che compone il trattato De Trinitate*, di Alessandro Turchi, sopra la porta principale, nella maniera più emozionale e meno austera del caravaggismo, databile al secondo decennio del '600 quando l'artista si trasferì a Roma. Sulla parete destra, *San Sebastiano soccorso da un angelo* (1716), dalla chiesa scomparsa di San Sebastiano, di Simone Brentana. È una delle sue opere più appariscenti per il pathos lirico, i colori pastello e la morbida luce. Seguono la *Adorazione dei Magi* di Felice Brusasorci (1575 c.), di stile ormai veneto a fronte del manierismo toscano delle sue prime opere, e la *Trinità con i santi Giacomo e Francesco* (1606) di Sante Creara. All'altar maggiore, *Pentecoste* di Simone Brentana.

San Bernardino

San Bernardino, con una comunità francescana ancora attiva, è sopravvissuto a stento al secolo di soppressioni e spoliazioni succeduto all'occupazione napoleonica, quando il convento servì di volta in volta sotto i Francesi, gli Austriaci e il Regno d'Italia come ospedale, caserma, cimitero cittadino, magazzino, e collegio.

Il luogo per la fondazione di chiesa e convento fu scelto da san Giovanni da Capestrano, compagno di san Bernardino da Siena, dopo la canonizzazione di quest'ultimo nel 1450. Propugnatore del movimento riformatore dell'Osservanza all'interno dell'ordine Francescano e celebre predicatore, che anche a Verona aveva pronunciato i suoi sermoni nel 1422 e 1443, san Bernardino introdusse la venerazione del nome di Gesù, rappresentato dal monogramma IHS contornato da un cerchio di raggi fiammeggianti.

Il complesso conventuale comprende tre chiostri, il maggiore dei quali serve da sagrato alla chiesa, con una facciata in mattoni che richiama quelle di Sant'Eufemia e Santa Maria della Scala, appartenenti al gotico ritardatario del '400. Il portale (1474) è però del primo Rinascimento, sormontato da una lunetta formata da volute e decorato con motivi vegetali a basso rilievo nello stile degli scultori lombardi attivi in città. In alto sono le statue dei santi francescani *Bonaventura*, *Bernardino* e *Antonio di Padova*, nella lunetta *San Francesco di Assisi che riceve le Stimmate*.

L'interno è a grande nave unica, con una navata parallela a destra sulla quale si aprono cinque cappelle costruite e decorate nel tardo '400-primo '500. La prima e più grande di esse, dedicata a san Francesco (1), fu eretta dai Terziari francescani (laici che si sottoponevano a una regola) attorno al 1512. Sulla zona superiore delle pareti e sulla volta sono affrescate scene dalla *Legenda Maior*, la vita ufficiale di Francesco scritta nel 1263 da san Bonaventura, tutte con una didascalia latina che enfatizza il parallelismo tra il ruolo di Francesco e quello di Cristo. Dipinte da Nicola Giolfino verso il 1522, iniziano sul muro sinistro con *San Giovanni a Patmos* (dal Prologo, in cui Bonaventura interpreta l'angelo visto da Giovanni nell'Apocalisse, recante «il sigillo del Dio vivente», come una prefigurazione di Francesco stimmatizzato) e procedono da sinistra a destra dal registro inferiore a quello superiore. Alcune scene furono distrutte dalle tombe murali barocche del 1694 e dall'altare del '700. Tra gli episodi illustrati vi sono *Francesco che getta le vesti ai piedi del padre*, *Il viaggio di Francesco in Egitto e il suo tentativo di convertire il Sultano*, *La visita a santa Chiara*, *La guarigione degli animali colpiti da epidemia per mezzo dell'acqua nella quale il santo si era bagnato*. Giolfino era forse il miglior narratore tra gli artisti veronesi del tempo e raggiungeva lo scopo con uno stile singolare e anti-classico. Dotato di una fertile immaginazione per le interazioni psicologiche, impiega un'esotico repertorio di personaggi. In un paio di sfondi è riconoscibile Verona: i Portoni della Bra e la torre dei Lamberti in lontananza, e una veduta al di là dell'Adige verso il Castel San Pietro.

Sull'altare è una copia della «pala da Sacco» (dal nome della donatrice) di Paolo Morando detto il Cavazzola, ora in Castelvecchio. Dipinta nel 1522, anno della prematura morte dell'artista, raffigura la *Vergine e il Bambino in gloria con i santi Francesco e Antonio di Padova e le virtù cardinali e teologali*; in basso, *i santi Elisabetta, Bonaventura, Luigi IX di Francia, Ivo, Ludovico di Tolosa ed Eleazaro*. La qualità particolarmente elevata dell'esecuzione e l'individualità da ritratto delle molte figure, rendono l'originale una delle pale più significative del secolo a Verona.

Nella seconda cappella, dei Banda (**2**), è una *Madonna con Bambino con i santi Giorgio e Girolamo*, firmata e datata 1488 da

115

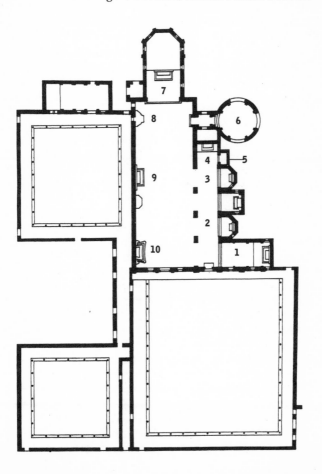

San Bernardino: organo

Francesco Bonsignori, uno dei primi pittori locali ad assimilare le nuove idee artistiche di Mantegna e Bellini. La quarta cappella (**3**) contiene un trittico scultoreo in marmi policromi raffigurante *I santi Francesco, Antonio e Bernardino* (1500 circa), che guarda ancora ai modelli di altari ad intaglio di metà '400. La cappella Avanzi (**4**), costruita nel 1497 e dedicata alla Croce, ha una delle decorazioni più insolite per Verona, con le tre pareti ricoperte di quadri disposti su due livelli, contornati da una cornice in legno intagliata e dorata, con lesene a candelabra. I dipinti furono commissionati, in un lungo arco di tempo, dalla confraternita della Croce a vari artisti della prima generazione del '500. La monumentale *Crocifissione*, firmata e datata 1498 da Francesco Morone, era seguita da altre cinque scene della Passione di Cristo sul muro di fondo, di Paolo Morando (1517: qui in copia, gli originali sono a Castelvecchio), molto ammirate per le figure plastiche ed espressive e per le luci e i colori drammatici. Sulla parete sinistra vi sono opere di Giolfino del 1546 (le tre del registro superiore), Francesco Caroto e Antonio Badile (*Resurrezione di Lazzaro*). Un'opera giovanile di Paolo Veronese, la *Resurrezione della figlia di Giairo*, sostituita da una brutta copia sulla parete destra, sparì nel '600, provocando un grande scandalo. Il piccolo ambiente in forma di cripta (**5**) contiene un gruppo scultoreo policromo della *Lamentazione*, del tardo '400, revival di un genere gotico diffuso nella seconda metà del '300.

Un portale ad arco sulla parete destra della navata immette nel vestibolo e nella cappella funeraria commissionata da Margherita Pellegrini (**6**) dopo la morte del suo figlio Nicolò De Guareschi, avvenuta nel 1527. Progettata poco prima del 1529 da Michele Sanmicheli, è considerata una delle opere fondamentali del Rinascimento italiano per l'armonia delle proporzioni e l'eleganza degli ornati (altezza 20,5 metri, diametro 12,2 metri; la cupola fu completata alla fine del '700). Le fonti del Sanmicheli, tornato da poco a Verona dopo molti anni trascorsi a Roma, sono romane, antiche e contemporanee. La pianta circolare, con copertura a cupola su tamburo, si collega sia al Pantheon e ai mausolei antichi che al tempietto del Bramante (1503 circa). Molti dei motivi architettonici ed ele-

116

menti decorativi sono tratti o ispirati da monumenti antichi veronesi (il motivo ad arco trionfale della parete, con frontone sopra la trabeazione, richiama l'arco dei Gavi, la scanalatura tortile delle colonne, la porta Borsari, ecc.), ma la balaustra attorno al tamburo è del tutto bramantesca.

Con una concezione tipicamente cinquecentesca, la decorazione pittorica è confinata alla pala d'altare e non gli si consente di interferire con il dettaglio architettonico o la fredda serenità della pietra bianca. La pala, la *Vergine e il Bambino con sant'Anna* (1579), è di Bernardino India, le circostanti figure di *Gioacchino, Giuseppe* e *Dio Padre* (ai lati e nella lunetta) di Pasquale Ottino (1619-23 circa).

Per l'altar maggiore della chiesa (**7**) Francesco Benaglio dipinse nel 1462 la *Madonna e il Bambino con i santi Bernardino* (inginocchiato), *Pietro, Paolo, Francesco, Antonio di Padova, Ludovico di Tolosa e Girolamo*: tentativo diligente quanto goffo di un buon pittore provinciale di replicare le avanzate idee artistiche del trittico di Mantegna istallato a San Zeno due anni prima. Al di sopra della porta che dà nel chiostro è l'originale cassa dell'organo (**8**), datata 1481, con i santi Francesco e Bernardino, di Domenico Morone, all'esterno delle portelle. Tra l'organo ed il pulpito, donati da uno stesso benefattore quattrocentesco, è un altare del 1572, di chiara ispirazione sanmicheliana (**9**), con una bella *Natività* di Bernardino India. L'altare di san Pietro d'Alcantara (**10**), tra i più begli altari barocchi veronesi, fu disegnato attorno al 1725 da Francesco Bibiena, membro della famosa famiglia bolognese di architetti e scenografi teatrali, mentre si trovava a Verona per la realizzazione del suo progetto per il teatro Filarmonico. La pala, *I santi Giovanni da Capestrano, Giacomo della Marca e Pietro d'Alcantara* (1725), è di Antonio Balestra.

La antica libreria del convento (per la visita chiedere in portineria), fondata dalla famiglia Sagramoso e costruita negli anni 1494-1503, è un ampio ambiente luminoso, noto come «Sala Morone», per la decorazione a fresco eseguita da Domenico Morone. Sulla parete di fondo una grandiosa scena votiva, datata 1503, comprende i donatori presentati alla Vergine e al Bambino da san Francesco e santa Chiara, affiancati dai principali santi dell'ordine francescano (Antonio, Bonaventura, Bernardino, Ludovico di Tolosa) e dai frati martirizzati nel Marocco. Le pareti laterali e di ingresso presentano una versione francescana del tema dei personaggi celebri diffuso nei cicli secolari del '400. Le figure, quasi al naturale, sono disposte in animate coppie su finti pulpiti. Il notevole senso di presenza degli effigiati, la plasticità e varietà dei panneggi e l'illusionismo dell'architettura dipinta rendono un capolavoro questo spazio armonioso.

117

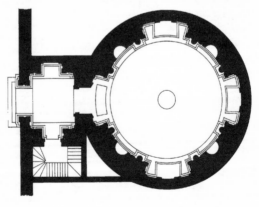

San Bernardino: spaccato e pianta della cappella Pellegrini

Sant'Eufemia

I frati Agostiniani si trasferirono nel centro della città nel 1262 installandosi, come i Domenicani due anni prima in Santa Anastasia, in una chiesa preesistente, che ricostruirono su larga scala e in stile gotico assieme al loro convento, durante un secolo e mezzo. La facciata in mattoni mostra due alte bifore quattrocentesche di forme rinascimentali, mentre il portale, nonostante la data 1476, è ancora gotico. Alla sommità è una statua di sant'Eufemia, martirizzata in Asia Minore all'inizio del IV secolo, con due figure porta stemma ai lati. Il finestrone di sinistra è parzialmente ostruito dalla sanmicheliana tomba Lavagnoli (1550), di un sereno classicismo. Sul lato opposto, una tomba romanica del 1279 riutilizzata nel '600 dai Banda. Il chiostro principale (entrata a sinistra della facciata) venne rinnovato con colonne doriche e finestre a edicola nel 1636.

L'interno fu trasformato nel '700, quando venne aggiunta una soffittatura a falsa volta. Gli altari della navata, risistemati in quell'occasione, risalgono ai secoli XVI-XVIII (particolarmente eleganti il secondo a sinistra, seicentesco, a marmi bianchi e neri, e il settimo a destra, in marmo giallo, del XVIII secolo). Molte pale d'altare sono opere importanti della scuola veronese della seconda metà del '500, spesso gruppi di santi attorno alla Vergine con il Bambino («sacra conversazione»). La presenza frequente di sant'Antonio Abate, fondatore della vita eremitica, rammenta che fin dal XIII secolo gli Agostiniani si raccolsero in un ordine detto propriamente degli Eremitani di sant'Agostino. Proseguendo sul lato destro, al primo altare Jacopo Ligozzi, *Trinità con i santi Antonio abate, Luigi, Pietro, Agostino*, 1577 circa; al secondo Francesco Torbido, *santa Barbara con Antonio abate e Rocco*, 1540 circa (santa Barbara era la patrona dei bombardieri che commissionarono il dipinto); al terzo Domenico Brusasorci, *Vergine col Bambino con i santi Sebastiano, Monica, Agostino, Rocco e donatori*, 1554 circa, una delle sue opere migliori, con pose fortemente manieriste; al quinto Agostino Ugolini, *I santi Paolo, Antonio Abate ed Orsola*, 1736; al settimo Giambettino Cignaroli, *Vergine col Bambino e san Tommaso da Villanova* (santo agostiniano e arcivescovo di Valenza canonizzato nel 1658) del 1768 circa.

Affreschi frammentari ancora visibili nel transetto e nel presbiterio, come una *Incoronazione della Vergine* nel transetto destro attribuita a Martino da Verona, mostrano che la chiesa era riccamente decorata nel tardo '300, ad opera degli stessi artisti attivi in San Fermo e Sant'Anastasia. Ben conservata è la cappella Spolverini, a destra della maggiore, con affreschi delle *Storie di Tobia*, di Francesco Caroto, dipinte nel 1508 su una precedente decorazione gotica. La pala d'altare, *Tre Arcangeli*, è una copia dell'originale di Caroto ora in Castelvecchio.

Nell'abside maggiore la tomba Dal Verme, del 1400 circa, è

sorretta da colonnine in marmo rosso, elegantemente decorata con modanature a foglie d'acanto e a torciglione. Singolari le otto statuette soprastanti, la cui sistemazione originaria in epoca tardo-gotica, come quella della stessa tomba, rimane ignota. La pala raffigurante *La Trinità con la Vergine, santi e patriarchi* (1573 circa) è di Felice Brusasorci.

Ripercorrendo la navata sinistra, al settimo altare, *Vergine col Bambino e i santi Paolo, Carlo Borromeo e Antonio abate*, di Claudio Ridolfi, dipinto probabilmente pochi anni dopo la canonizzazione di san Carlo nel 1611; al sesto, *Sposalizio di S. Caterina* di Bernardino India (1579 circa); al quinto, *S. Cristoforo* di Lodovico Dorigny (1744); *Vergine col Bambino e i santi Paolo Eremita e Antonio abate*, opera tarda (1550 circa) di Alessandro Bonvicino detto il Moretto da Brescia, al primo altare.

Sant'Eufemia: portale

San Fermo Maggiore

Una chiesa dedicata a Fermo e Rustico, che avrebbero subìto il martirio a Verona all'inizio del IV secolo, esisteva già nell'VIII secolo, quando il vescovo Annone vi fece riporre le reliquie dei santi, ritrovate a Trieste. All'edificio era associato, almeno dal secolo X, un monastero di Benedettini, che rifabbricarono completamente la chiesa dal 1065 al 1143 seguendo il modello cistercense francese di Cluny II, a tre navate terminate da absidi e transetto anch'esso absidato. Particolarità di San Fermo («Maggiore» per distinguerlo dallo scomparso San Fermo Minore, sorto nel XII secolo sul supposto luogo del martirio dei santi, in riva all'Adige presso l'odierno ponte Aleardi) è la struttura a due chiese sovrapposte: quella inferiore non è limitata alla zona presbiteriale come una cripta tradizionale, ma ha uno sviluppo in lunghezza che corrisponde alla dimensione completa della antica chiesa benedettina. Nel 1261 i frati Minori, che erano in San Francesco al Corso, all'esterno delle mura, ottenero di insediarsi nel convento di San Fermo in luogo dei Benedettini ed entro la fine del '200 iniziarono la ricostruzione in forme gotiche della chiesa superiore. Fu da loro eliminata la divisione tra le navate, demolito e rifatto in forma poligonale l'abside maggiore, innalzata e allungata la navata. Dell'edificio romanico, i cui muri perimetrali vennero in parte riutilizzati, rimasero così la chiesa inferiore, le quattro absidi laterali e la base del campanile. Un accentuato carattere gotico fu conferito all'esterno dagli agili coronamenti a timpani e pinnacoli, dalle ampie finestre cuspidate e dalle cornici ad archetti pensili trilobati o intrecciati, di ascendenza lombarda, che contornano la chiesa. Nel fianco verso la strada si apre un grande portale gemino a marmi policromi del primo '300, analogo al coevo portale maggiore di Sant'Anastasia, di cui è probabile sia stato il modello. È logico infatti attribuire ai Francescani l'introduzione a Verona di questo tipo di portale doppio, diffusissimo oltralpe, ma il cui prin-

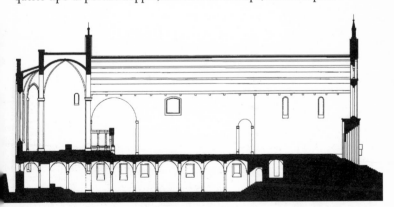

San Fermo: spaccato della chiesa superiore e inferiore

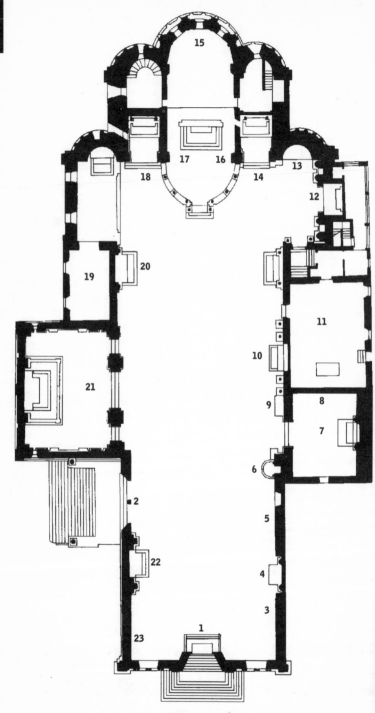

San Fermo: pianta della chiesa superiore

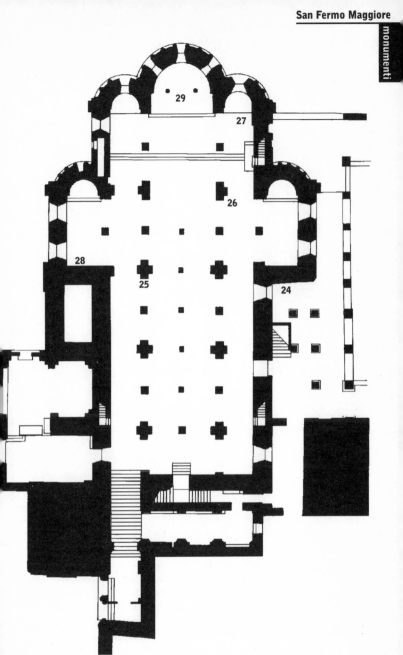

San Fermo: pianta della chiesa inferiore

cipale, se non unico, precedente in Italia è nelle porte della basilica di San Francesco ad Assisi. All'inizio del '400 venne aggiunto il protiro che protegge l'accesso e alla fine di quel secolo venne posta nella lunetta del portale la statua policroma di sant'Antonio di

San Fermo: monumento Brenzoni

Padova, donata dai Banda assieme a quella di san Francesco sulla porta principale. Una *Sacra Conversazione* di Francesco Morone, firmata e datata 1523, è affrescata sul muro laterale.

La facciata, che riutilizza un precedente portale romanico strombato, doveva essere compiuta prima del 1385, quando vi veniva posta la tomba pensile di Aventino Fracastoro, medico degli Scaligeri. L'affresco altichieresco con l'*Incoronazione della Vergine* che ornava la lunetta sopra il sarcofago è ora al Museo di Castelvecchio. Sull'altro lato è il padiglione di un'arca del tardo '200 riutilizzata dai Tolentino nel XV secolo. La parte inferiore in pietra della facciata è terminata da una galleria di finestrelle, quattro delle quali sono cieche e mostrano figure trecentesche di santi francescani. La zona superiore, ampiamente forata al centro dalle finestre sovrapposte, adotta il caratteristico paramento a corsi alternati di mattone e pietra. La porta bronzea con *Storia del martirio dei santi Fermo e Rustico* è opera di Luciano Minguzzi.

Il vasto interno, funzionale all'esigenza della predicazione, è coperto da un magnifico soffitto ligneo a carena di nave (XIV secolo), ornato da una doppia galleria di archetti in cui sono dipinti busti di santi. Sull'arco del presbiterio esso contorna i ritratti contrapposti di Guglielmo di Castelbarco († 1320), che offre un modellino della chiesa, e fra' Daniele Gusmerio, guardiano del convento tra 1318 e 1320, protagonisti della fase principale della ricostruzione trecentesca.

Sulla lunetta sopra la porta principale è affrescata una *Crocifissione* di Turone di Maxio (**1**), cui è attribuita anche la *Crocifissione* sulla porta laterale (**2**), datata 1363. Sulla parete destra, verso l'angolo, tre superstiti scene trecentesche del *Martirio dei Francescani in India* (**3**), dal racconto del viaggiatore francescano Odorico da Pordenone (vivacissimo il quadro inferiore, con l'imperatore di Delhi che fa giustiziare i persecutori dei frati e i diavoli che si impossessano delle loro anime). All'adiacente cappella Nichesola (**4**) di eleganti forme rinascimentali dell'inizio del '500, è stato adattato un altare cinquecentesco dei Murari Bra con pala di Sante Creara, trasferito da altra chiesa nel 1816. Dopo un affresco staccato con *Coro d'angeli* di Stefano da Verona (**5**), è il pul-

124

pito donato dal giurista Barnaba da Morano (**6**), datato 1396 (ma il parapetto è stato rifatto nel primo '500), probabile opera dello scultore Antonio da Mestre, attorniato da pitture firmate da Martino da Verona raffiguranti *Evangelisti e dottori della Chiesa in cattedra, profeti e personaggi illustri*. In alto, *Mosè* ed *Elia*, che alludono a san Francesco, tradizionalmente designato «nuovo Mosè» e «nuovo Elia» nella esegesi francescana.

All'interno della Cappella Brenzoni (**7**) si trova l'arca di Barnaba da Morano († 1411) (**8**), opera di Antonio da Mestre, qui trasportata dalla parete a destra della porta principale, con alcuni degli affreschi di Martino da Verona che la circondavano, raffiguranti il *Giudizio Universale*. La decorazione pittorica originale comprendeva anche santi in edicole gotiche, ancora in sito, e un *Incontro dei tre vivi con i tre morti* (*Memento Mori* tardo-gotico di origine francese). Dopo la cappella si trovano l'arca di Torello Saraina (**9**), storico veronese del '500, accanto all'altare (**10**) da lui eretto (1523), primo a Verona ad ispirarsi al romano Arco dei Gavi. La pala di Francesco Torbido, *Trinità, Vergine con il Bambino tra l'arcangelo Raffaele e santa Giustina*, una delle sue migliori, andrebbe datata attorno al 1530 per i manifesti contatti con le opere mantovane di Giulio Romano. Sotto la mensa, sculture di una *Deposizione nel sepolcro* del '400. La sagrestia (**11**), donata dai Fracastoro nel 1528, è ornata di arredi e quadri del '600 (*Storie di sant'Antonio di Padova*).

125

Il transetto destro, che conserva affreschi del '300 con *Storie di san Francesco* frammentarie, ospita la cappella degli Alighieri

San Fermo: interno

(1540 circa), linea veronese dei discendenti di Dante (**12**). Vi è accuratamente ripreso il fronte dell'Arco dei Gavi. La pala cinquecentesca di Battista Del Moro raffigura la *Vergine con il Bambino tra i santi Pietro, Zeno e Francesco*. Nell'absidiola del transetto (**13**), sotto l'altare, *Deposizione* del '300. La seicentesca cappella degli Agonizzanti (**14**), a lato del presbiterio, ha una *Crocifissione* di Domenico Brusasorci.

L'area Presbiteriale è delimitata da un grande tornacoro colonnato (1573), che riprende la soluzione ideata dal Sanmicheli per il Duomo quarant'anni prima. L'altare maggiore venne rifatto nel 1759 su disegno di Giuseppe Antonio Schiavi, in occasione della traslazione delle reliquie dei martiri Fermo e Rustico dalla chiesa inferiore, dove erano minacciate dalle inondazioni dell'Adige. Nelle vele del catino absidale (**15**), *Redentore e santi*, affreschi del primo '300 del cosiddetto Maestro del Redentore, artista che introduce il linguaggio giottesco a Verona, autore pure dei *Simboli degli Evangelisti* sulla volta a crociera e dei ritratti di *Castelbarco* (**16**) e *Gusmerio* (**17**) sull'arco esterno (che recavano la data 1314). Al di sotto di questi ultimi, *Incoronazione della Vergine* e *Adorazione dei Magi*, di Lorenzo Veneziano. La successiva cappella di sant'Antonio (**18**), ridecorata in forme barocche come quella opposta degli Agonizzanti, ha sull'altare una pala quattrocentesca, *Sant'Antonio fra i santi Agostino e Nicolò*, di Liberale da Verona.

126

Nella spoglia cappella Della Torre (**19**), cui si accede dal transetto sinistro, è il magnifico mausoleo rinascimentale di Girolamo e Marcantonio Della Torre (1511 circa), con otto bassorilievi bronzei del padovano Andrea Riccio (ora presenti in copia: gli originali sono stati portati al Louvre nel 1797), che rappresentano la vita, la malattia e la morte di Girolamo della Torre. Le scene, con i riti di trapasso all'oltretomba, sono collocate nell'antichità pagana. I defunti, padre e figlio, appartenevano a una cerchia di umanisti, scienziati e filosofi, e sono ritratti in due maschere funebri alla sommità dell'arca, sorretta da quattro sfingi. Nel bassorilievo sul lato opposto all'ingresso figura il mausoleo stesso.

L'altare dell'Arte dei falegnami (**20**), eretto nel 1608, reca una delle prime opere di Alessandro Turchi, importante pittore veronese del '600, un'*Adorazione dei Pastori con i santi Girolamo, Antonio abate e Giuseppe*. Verso la porta laterale della chiesa si apre la grande cappella della Concezione (**21**), fondata nel '400 a spese della città e in origine dedicata a san Bernardino, prima ancora che il santo venisse canonizzato. Passò poco dopo in proprietà dei Banda, che la tennero fino al XVII secolo. La decorazione seicentesca conserva il ricordo della tragica pestilenza del 1630, a cavallo della quale fu realizzata: si veda sulla destra la pala di Antonio Giarola con *Verona che invoca la Trinità per essere liberata dalla peste*. Sull'altare, pala firmata e datata al 1528 da Francesco Caroto, *La Vergine con sant'Anna e i santi Sebastiano, Rocco, Pietro e Giovanni Battista*, da Vasari in poi considerata tra le sue opere migliori. L'altare lombar-